*So Simple*的生活态度
*So Natural*的生活方式

美人香气提斯

AromaTes

张元霖 著

朝华出版社

图书在版编目（CIP）数据

美人香气提斯/张元霖著.—北京：朝华出版社，
2009.4

ISBN 978-7-5054-2096-0

Ⅰ.美… Ⅱ.张… Ⅲ.健身运动－基本知识 Ⅳ.G883

中国版本图书馆 CIP 数据核字（2009）第 053088 号

著作权合同登记图字：01－2009－1896

本书简体中文版由中国台湾杰克魔豆文化事业股份有限公司
授权朝华出版社在中国大陆地区独家出版

美人香气提斯

作　　者　张元霖

选题策划　杨　彬　布　客
责任编辑　王　磊
责任印制　张文东
封面设计　辰星工作室

出版发行　朝华出版社
社　　址　北京市车公庄西路35号　　　　邮政编码　　100048
订购电话　(010) 68413840　68433213
传　　真　(010) 88415258（发行部）
联系版权　j-yn@163.com
网　　址　www.mgpublishers.com
印　　刷　北京市朝阳印刷厂有限责任公司
经　　销　全国新华书店
开　　本　889mm × 1194mm　1/24　　　字　　数　80千字
印　　张　6
版　　次　2009年5月第1版　2009年5月第1次印刷
装　　别　平
书　　号　ISBN 978-7-5054-2096-0
定　　价　28.00 元

Contents
目　录

关于香气提斯（AromaTes）的一二事

　　AromaTes香气提斯，可以说是现在最新、最全面、最天然的运动选择，也是人人都可从事的温和运动，不需在乎年纪，也不必担心体能，更不必担心学不会，所有的动作设计，都是能够在最小的肌力要求下，达到最大的体能消耗与精油运作效率的。

　　2007年，美国国家整体芳香疗法协会NAHA在台湾的认证教育中心——禾场国际芳疗学苑，率先将芳疗认证系统结合流行的体适能系统，研发一系列结合精油与体适能的同步运动，让人们能够在从事运动的同时，也能够摄取精油的药性，达到健康的帮助。

　　禾场国际芳疗学院第一套精油结合体适能的同步疗愈课程，就是将普拉提、瑜珈、音乐、冥想与Aromatherapy芳香疗法相结合的AromaTes香气提斯。

　　最可贵的是，AromaTes香气提斯的概念不仅仅是外部肌肉的锻炼，在运动同时，香气提斯强调的是对全身12大生理系统的帮助，以及对于情绪、精神的调理，藉由香气提斯的五大元素，多管齐下，由内而外，由外而内，呵护我们的身体系统。

　　一开始，总有人问，在精油的氛围里面运动，是什么样的感觉!

　　可以不用在烈日下挥汗，也不需要花钱买许多工具。

　　就好像你身边同时有芳疗师、按摩师、瑜珈老师、普拉提老师、整脊师、音乐治疗师在旁边帮助你。

　　这样的好东西，我们建议所有的朋友，只要能够每天练习，你一定能够散发动人魅力喔!

禾场国际芳疗学苑
创办人　　张元霖

香气提斯(AromaTes)是什么

香气提斯（AromaTes）是一种新兴流行的养生方式，它结合了芳香疗法（Aromatherapy）、音乐疗法（Music Therapy）、冥想（Meditation）、普拉提（Pilates）、瑜珈（Yoga）、身体评估（Body Assessment）、团体咨商互动等多种治疗方式于一身，属于适合现代人高度压力及紧张生活形态的训练课程。

香气提斯(AromaTes)的五大元素

- ● **芳香疗法**（Aromatherapy）
- ● **瑜珈**（Yoga）
- ● **普拉提**（Pilates）
- ● **音乐疗法**（Music Therapy）
- ● **冥想**（Meditation）

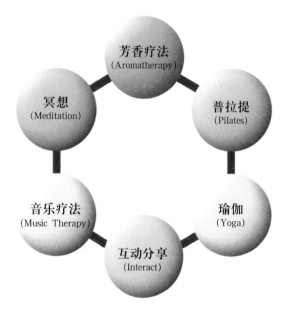

使用五大元素交互进行的香气提斯，能够给我们现代人的身、心、灵带来最大的帮助:

芳香疗法

是法国化学家盖特佛塞（Rene Maurice Gattefosse）博士于1928年发表研究而正式定名的。也因为他的带领，引起了全世界对于精油的研究与重视。其效果与没有副作用的特性，更是让医疗研究人员开始将其纳入有效的辅助医疗技术之一。

瑜珈

在梵文里是"union"，是连结的意思，主要强调连结心灵与身体。

过去的练习者经常在原始的森林练习，而领悟许多大自然的原则，于是人们开始探索自己的身体，将这些心得运用在人的身上，慢慢地衍生出一套完整实用的动作来调理身体，增强抵抗力。瑜珈的魅力不单单只是在体位的练习，同时也引导我们注意身体深处的语言，感觉呼吸的动静、吸吐。

普拉提

由德国的医护人员约瑟夫·普拉提（Joseph H.Pilates）创始。原始的名称是"控制学（Contrology）"，教导人类如何训练身体控制的技巧。它结合了西方的拳击、健美操等来做肌肉的训练，再加上东方的瑜珈、太极等，透过有意识的呼吸来做肢体训练，锻炼重点在于我们的"核心肌群"——由腹横肌、下背肌群和骨盆肌群组成，这三大肌群都是我们肌肉的最深层，藉由锻炼核心肌群减少腹部及腰部的负担，进而达到调整姿势、雕塑体型的效果。

音乐疗法与冥想

能够平衡我们脑中紊乱的思绪，帮助我们抽离原本让神经紧绷的"日常空间"，让我们能够不被打扰地进行身体与心灵的SPA。对于生活压力大的现代人，每天能够进行一段时间的此疗法，即可将意识由β波转换到α波，安抚心灵，舒缓精神压力。

✳ 香气提斯的优点

· **帮助健康**：芳香疗法搭配地板运动，帮助解决了许多学员身体、情绪方面的问题与需要。

· **气味芬芳**：香气提斯使用天然精油搭配律动，在调理健康的同时，沐浴在芳香分子的氛围里，享受律动的乐趣。

· **使用方便**：无论是在办公室或家里，都有适合的香气提斯动作，不一定需要器材，也不一定需要同伴，更不需要大空间即可进行，非常方便。

· **操作简单**：香气提斯所有动作皆经过精密设计，能够在简单的动作中活动到平常不易活动到的深层肌肉，而精油更可使效果加倍，舒适且有效。

· **心灵SPA**：香气提斯重视心灵活动，藉由冥想、交流，以及学员彼此扶持、帮助、分享完成课程，让心中的温暖成为彼此的动力。

香气提斯与普拉提（Pilates）及瑜珈（Yoga）不同的是：香气提斯结合芳香疗法，克服单一进行普拉提及瑜珈对于人体系统帮助的局限性及有效性，例如这两种运动对于内分泌系统、神经系统、免疫系统的影响较为间接。

而香气提斯又能够克服芳香疗法效果较为缓慢的缺点，有效藉由血液循环加速、深层肌肉暖化、深度呼吸练习等帮助精油更快、更完全地进入身体，发挥功效、促进健康。在功效上，香气提斯比起普拉提、瑜珈、芳香疗法等单一辅助治疗方式，效果将更为明显、全面、快速。

✳ 适合进行香气提斯运动的对象

香气提斯运动在学习过程中十分重视身心合一平衡的概念，练习由意志来控制身体，藉由精油、芳香疗法的帮助，加上特殊的呼吸训练，可以有效刺激肌肉的运作，加强心肺功能及放松减压。它强调以安全且温和的方式进行训练，不会造成运动伤害，因此各种年龄层的人都能够学习，包含儿童、年轻女性、成熟女性、老人、运动员。

精油对身体的益处

芳香疗法在许多研发机构、专业人士的眼里，是一种极为有效的治疗方式，对于对生命没有立即危害却长期影响我们的一些"慢性症状"有着极佳的治疗效果，几乎没有副作用，因此有些专家给芳香疗法一个较为符合其功效的名称，就是"辅助疗法"。

✳ 什么是精油?

　　精油是一种天然产生的特殊混和物,每一种精油内含的天然化合物,依精油的不同,由数百种到数万种皆有,其制造生产仅在植物体内完成,其价值在于能够保持最佳原始完整性,尤其是微量元素的组合与比例(非现今实验室的科技水平能够解析复制),在完整性极佳的时候始能发挥最大效果,因此其采收、萃取、包装皆有一定的标准,并且严格禁止加入化合物以调整香味,要求极为严格。

✳ 精油的用途

作用系	主要功能
一般药性	消毒杀菌、抗病毒、消炎、预防感染、除臭、防腐、杀寄生虫、驱蚊虫。
呼吸系统	分解黏液组织,祛痰、改善鼻塞、流鼻涕的症状,止咳或助咳,改善呼吸道感染症状。
神经系统	镇静中枢神经、平衡自律神经、舒缓焦虑、提振精神、避免忧郁、提振副交感神经、帮助放松、改善睡眠质量、催情。
消化系统	开胃、帮助消化、消除胀气、改善便秘或腹泻、减轻口臭症状。
泌尿生殖系统	利尿、通经、改善经前症候、改善白带分泌过多、改善生殖泌尿道感染症状。
分泌系统	平衡荷尔蒙。
心血管系统	暖身、促进血液循环、提高或降低血压、抗贫血。
淋巴免疫系统	提振免疫系统、退烧、抗过敏、促进淋巴循环、舒缓下肢水肿。
皮肤系统	加速伤口愈合、化瘀、止血、调理平衡皮脂分泌、护理晒伤与烧烫伤、美白、护肤。
肌肉骨骼系统	止痛、抗痉挛、缓和肌肉僵硬、护理肌肉扭伤拉伤、帮助乳酸代谢、缓和关节痛。

✳ 如何选择精油？

精油的包装

·瓶身、外包装要能尽量隔绝紫外线：因为精油本身对光线敏感，因此必须是深色的瓶子来盛装！如果你哪一天看到有商家卖精油，使用透光的玻璃瓶，那你可要小心！那样的精油是会很快就变质的哟！

·一定要使用玻璃材质或强力抗腐蚀的外壳：因为精油的侵蚀能力强，必须装在耐腐蚀的玻璃瓶里面。

另外，好的精油，包装大概都是维持比较简单与环保的，符合商品特色的诉求。

制造商

拉丁名
浓度

俗名
产地

使用
注意事项
功能简介

容量
栽种方式 ——— 萃取方式
萃取部位
保存期限

精油标示	
浓度	精油的使用因为牵涉到调配（不能直接使用在皮肤上），因此市面上有许多商家已经贴心地帮消费者添加了基底油，因此买的时候要特别注意浓度。如果标示是100%纯精油（100% pure essential oil），那应该就表示商家贩卖的是未经稀释过的百分之百精油。还有标示成3%、5%、10%，如果你看到这样的商品，不要惊讶喔！那是现在很多精油商家为消费者方便所设计的，倒不是故意欺骗消费者。
俗名	所谓的俗名，就是一种大家统称的名字，但是，光是一种植物，有好多种品种时，就不能用这样的方式来详细辨识了，不过，这仍是找到想要的精油最快的方法！比如说常见的柠檬、玫瑰，等等。
拉丁学名	每一种植物，经过了数千百年的演化，繁衍出许多相似却不太一样的分支品种，因此，对于成分敏感度很高的芳香疗法而言，使用哪种植物，甚至是什么品种，就变得很重要。严格地说，即使是同一品种，也还有许多成分变化的属性分别。
保存期限	基本上，精油的保存期限与其种类、基底油、采收法、萃取法、装配、运送、储存、适用人群都有很大的关系。一般来说，精油大多有一年至一年半以上的寿命，专业的芳疗师一般都能够有效地延长使用期限至一倍或两倍。
产地	同一种精油，产地不同，往往效果有很大的差异，对产地的喜好，便影响了芳疗师呈现出来的效果。因此，芳疗师们也要具备很好的嗅觉，来应付各种来路的精油。
其他	有些较为专业的商家甚至会标示出这瓶精油的萃取法、萃取部位、栽种方式。

✳ 如何购买精油？

获取精油的来源：芳香疗法教育训练机构、百货公司、SPA馆、美容沙龙、网络商店。

多比较，多打听，买精油绝对需要花多点时间了解，如果能通过咨询有专业证的专业芳疗师（如全世界认证芳疗师最权威的美国NAHA国家芳疗师协会）或者是有专业芳疗师的销售公司，详细了解相关问题，比如说产地、萃取方式、精油的使用，那你就有较高的机率买到质量较好的精油。

✳ 如何使用精油？

精油属于高浓度的物质，必须经过稀释的动作，不宜直接使用于人体。如今常见的使用方式有：

· 吸入法：可直接滴在手帕或卫生纸上嗅闻，亦可使用扩香仪、水氧机等设备，将香气分子充满于室内，达到居家保健、缓和情绪压力的目的。

· 按摩法：按照个人体质、需要，决定精油种类与浓度后，将精油稀释于基底油或无香乳液中，涂抹或按摩于身体各部位。

· 沐浴法：用泡澡的方式，一方面藉由吸入含芳香分子的蒸气，达到舒缓紧绷情绪的效果，亦同时让精油直接穿透皮肤吸收，保养身体。

· 日常保养：可添加精油在无香的保养基质中，如与洗面露、沐浴精、洗发精、润发乳一起使用。

芳疗师小叮咛

精油的使用是千变万化的，专业芳疗师还会使用的有饮用法、栓用法、拴剂法、酊剂法、水疗法、超音波治疗法、冷热治疗法、冷热敷法，等等。可以询问专业芳疗师来搭配使用喔！

香气提斯与人体十二大系统

香气提斯以芳香疗法为核心，针对人体十二个生理系统健康状态
的不同需求、目的，搭配使用专业的系统专属配方精油，并结合
促进各系统健康的静态运动课程。

淋巴系统

针对：清血排毒（包括局部或全身起疹，偶尔伴有发痒的情形，或长粉刺、痘痘，或肌肉酸疼，腹泻，晕眩，疲倦想睡觉）、利尿消水肿、身体雕塑。

香气提斯搭配的精油能有效促进淋巴液流动、淋巴器官的运作，加速排除身体代谢物质，清理身体并提振免疫系统机能。动作设计能有效促进淋巴液流动、淋巴器官保养、洁净血液与淋巴液，使淋巴能够顺畅地循环并保持清洁，并可消除水肿，雕塑身体曲线。

免疫系统

针对：感冒、过敏性鼻炎、免疫力弱。

香气提斯搭配的精油能提振免疫系统运作，促进白血球的生成，帮助消灭细菌、病毒等有害生物，并能有效释放压力，使人感到愉悦、轻松，并帮助正向思考、提振精神，藉由心理神经免疫学的效应从另一个机制提振免疫系统。另外，香气提斯搭配的精油能提升免疫力，抵抗细菌病毒，亦能抑制减缓过敏反应。

香气提斯动作设计能有效提振精神，藉由舒缓、运动，刺激"脑内啡"的分泌，提振免疫系统。

心血管系统

针对：静脉曲张、轻微高血压。

香气提斯搭配的精油能清血散瘀，强化静脉血管弹性，促进血红素生成，改善心悸。配方中所加入的精油。预防动脉硬化，平衡血压，辅助保健心血管的健康，预防中风。它的动作设计能促进心血管功能、血液快速循环，并锻炼心脏。

消化系统

针对：肠激躁症、轻微胃炎、便秘、啤酒肚。

消化系统是复杂、高度协调的系统，提供身体所需以及赖以维生的能量与营养。消化系统出问题，养分无法正常被人体吸收，也无法正常地排泄出来，因此，毒素就一直累积在肠道中，造成长期的胃灼热、腹泻、便秘或是某些部位的疼痛。

香气提斯搭配的精油能促进肠胃蠕动及养分吸收，杀菌消炎，提升肝脏运作效率，清血，并提高基础代谢率。

香气提斯动作设计能按摩接近消化系统的深层肌肉部位，进一步促进肠胃蠕动，加速代谢，能够有效地预防及治疗肠胃疾病与不适，提高基础代谢率。

肌肉骨骼系统

针对：肩颈僵硬、腰酸背痛等慢性疼痛症、身体雕塑。

香气提斯搭配的精油能使深层肌肉暖化，加速深层肌肉乳酸代谢与血液循环，使身体组织运动产生之废弃物快速排除，加入能消除脂肪团的精油，可进一步雕塑体态。搭配此精油做运动，除了能增强体力，维持现有体能，加速新陈代谢，还能延缓肌肉、骨骼的老化，预防骨质疏松。对于爱好运动的男性，能增加肌肉耐力，提高运动效率，亦可以缓解肩颈僵硬、腰酸背痛等慢性疼痛症。

香气提斯动作设计能针对肌肉不协调的状况（下背痛及脊椎侧弯），使骨骼在强壮且有力的深层肌肉保护下，支撑身体的重量，有效锻炼深层核心肌群，并强化肌肉柔软度，进一步雕塑出均匀细长的健美曲线、标准姿势，且消除腹部、蝴蝶袖等多余赘肉，针对孕妇更可使产后身材迅速恢复，魅力更胜从前。

松、减轻压力，帮助使用者睡眠较为深层，从而解决失眠问题，快速恢复活力与精神，且不具依赖性，藉由不同的配方亦可振奋精神，集中注意力。另外，对高龄者由于脑神经机能退化，导致睡眠较浅，也很有帮助。

香气提斯动作设计能按摩位于背后的副交感神经，使人产生放松的效果，藉由压力的释放得到神经系统的舒缓，也能有效平衡交感和副交感神经系统，使人处于一种自然、愉悦、有活力的状态。

呼吸系统

针对：气喘、呼吸短浅、肺功能较差。

香气提斯搭配的精油能调理呼吸道黏膜系统、消灭呼吸道内病菌、消除组织发炎现象。

香气提斯动作设计针对上胸及背部紧绷容易造成的胸闷及呼吸不顺畅有相当大的帮助，使肺部能够进入大量的氧气，并提高氧气交换效率，进而增加身体的含氧量，并按摩内脏、促进淋巴循环。

神经系统

针对：偏头痛、失眠、健忘。

人体的神经系统若长期处于紧绷状态，就会影响到其它器官的运作，轻则导致失眠、消化系统失衡，严重则导致精神疾病，甚至各种慢性疾病。

香气提斯搭配的精油能平衡脑神经传导物质的释放，例如血清素，可使人感到愉悦、轻

泌尿系统

针对：尿道炎、补肾清血。

身体内的各种物质经由代谢的过程，产生许许多多的废物，这些废物若累积在人体内，对身体有极大的危害甚至会致命，需要泌尿系统保持正常运作将这些废物排出身体。

香气提斯搭配的精油能保持系统清洁，促进肾脏机能及净化血液。

香气提斯动作设计能训练骨盆底肌群的深层收缩，增加骨盆底肌群的弹性，加强泌尿系统肌肉群强度及控制能力，减少漏尿的产生。

生殖系统

针对：阴道感染、性功能障碍。

人类能长期延续有赖于生殖。对于女性而言，生殖系统更是影响其一生健康、幸福的重要系统。

香气提斯搭配的精油能帮助缓解女性雌激素

分泌失衡的问题，例如舒缓痛经、规律周期，更可进一步促进内分泌的平衡。另外针对孕妇分娩需求，亦可帮助分娩过程较为顺利，减轻疼痛。对于两性的需求亦有较好的效果，香气提斯搭配的精油可舒缓压力，增加感官的灵敏度，提高兴致，增添情趣，促进夫妻情谊。

香气提斯动作设计能帮助女性放松情绪，保持愉悦，消除紧张、多虑的情绪。

内分泌系统

针对：经前症、补血益气、更年期症状。

内分泌系统主要涉及人体的各种代谢机能，受荷尔蒙支配，荷尔蒙能够调节人体的代谢、生长、生殖系统运作、器官运作、血糖浓度、血钙浓度，是人体两大调节系统之一（另一个为神经系统）。

香气提斯搭配的精油能维持内分泌平衡，并调节因内分泌不平衡造成的情绪、健康问题，而优雅的花香，更增添女性妩媚的特质，使其更具致命的吸引力。

香气提斯动作设计能舒展和按摩腺体，放松情绪，这对内分泌的平衡及正常运作有重要的影响。

皮肤系统

针对：痘痘、干燥、橘皮、皮肤老化、美肤。

皮肤系统为人体与外界区隔的最外层结构，主要功能在于保护身体内其它组织免受外界环境伤害或侵入。随着时代的变迁，人对于皮肤的健康、美丽也越来越渴望。

香气提斯搭配的精油能平衡皮肤皮脂分泌，消毒杀菌、收敛毛孔、促进细胞生长，使肌肤维持健康光泽。其保湿、维持肌肤弹性的效果，还能消除因肥胖、老化、缺乏运动而产生的橘皮组织。

香气提斯动作设计能使血液循环旺盛，保持青春好气色。

边缘系统

针对：情绪不稳定（焦虑、寂寞、孤单、愤怒、烦躁、恐惧、忧愁、冷漠、悲伤）。

香气提斯搭配的精油能平衡脑神经传导物质的释放，使人感到愉悦、轻松，使人在冥想状态的同时，能够加速促进身体的放松，使长久以来失衡的系统恢复平衡，精油数万种不同的芳香分子亦可刺激边缘系统的记忆区，达到拟真的回忆、冥想经验。还有高龄者相当容易感到孤单，透过香气提斯搭配的精油，熟悉舒服的香气，具有慰藉心灵的作用，使老人家感到安心满足，情绪自然愉悦许多。

香气提斯动作设计能使人在全身释放压力的状态下，藉由冥想，使身体处于一种无负担状态，长期练习能够促进健康，减轻负担。

香气提斯的动作原则

香气提斯的动作设计可以说是基本的生物力学！与瑜珈、普拉提相同，需要注意五大基本原则：

1 呼吸原则：你是用哪一类型的呼吸？

先把你的右手放在你的上胸部，左手放在你的腹部，在自然的呼吸下，如果你是感觉右手会随呼吸而移动，就是胸式呼吸。胸式呼吸不是不好，而是空气只能够进入到胸腔上方浅层的一小部分，容易造成肩颈的紧张以及肌肉的过度使用。如果你自然呼吸时，腹部会胀大缩小，这就是腹部呼吸。而深至腹腔的呼吸，你会感觉得你的腹部是完全放松的，这会让你在做动作时背部及腰部无法获得保护。

我们在香气提斯里面是用鼻子吸气、嘴巴吐气的横隔膜呼吸法，也就是3D呼吸法。吸气的时候感觉把肋骨轻轻地往两旁往后推开来，因为肋骨的扩张脊椎也会做到伸展；吐气的时候，有一点点像吹蜡烛一样嘟着嘴巴把气吐掉。我们在呼吸的时候就是要启动我们最深层的腹部肌肉——腹横肌，它就像一条天然的束带一样，围绕在我们的腹部，主要的功能是收缩腹部并且协助吐气。当我们启动腹横肌时，能够给我们的骨盆及脊柱更多的稳定，更可以进一步保护我们的腰椎，让你可以安心运动，避免受伤。

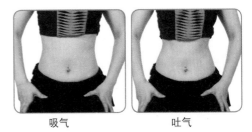

吸气　　　　　　　吐气

2 骨盆位置

在香气提斯的练习中，我们会强调把骨盆和腰椎稳定地放在姿势1和姿势2的姿势下。

姿势1　　　　　　　姿势2

姿势1的位置指的是当我们平躺时，腰下方会有一个自然的腰椎曲线，这时候你的骨盆要保持在平行的水平面上，耻骨的地方会形成一个三角形的平面，就好像你放了一杯咖啡在你耻骨的位置，咖啡的水位是平的。腰椎的弯曲曲线不应该是因为强迫拱起背部而产生出来的。这就是姿势1的位置，也是最能吸收振荡力和冲击力的最佳位置。

姿势2指的就是腰椎轻轻地弯曲靠近地板，使骨盆微微地后倾，腰下方的洞洞就会像盖印章一样轻轻地填满地板。当我们在姿势1的位置下无法稳定骨盆去做动作的时候，记得要把骨盆的位置做回姿势2的动作才不会受伤喔。

肋骨位置

当你坐着的时候，你的肋骨有向前凸出来吗？当你躺下来的时候，偷偷地低下头看一下，它有没有向上凸出来呢？为何我们要特别注意肋骨的位置呢？

记不记得我们前面说过的呼吸原则？吸气时肋骨会微微地向上向外开，吐气的时候肋骨会往肚脐的方向下滑。其实正确的呼吸也可以帮助肋骨的伸展，但是要确定的是维持核心收缩不松弛，这是很重要的，千万不要想让肋骨伸展多一点，而失去了肋骨和骨盆的稳定性，产生胸椎过度前推、肋骨上凸的情形了。

尤其是当你双手抬起过头的时候，最容易发生肋骨前突的情形了，这时候记得深深吐口气，感觉把肋骨深深收到身体里面去。

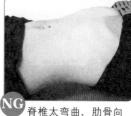
NG 脊椎太弯曲，肋骨向前凸出。

OK 脊椎平滑弯曲。

肩胛稳定

我们的肩胛就像是两片翅膀一样挂在我们的背上，为什么会说是"挂"在背上呢？因为它仅仅靠一个关节及周围附近的肌肉来支撑，可见它是一个很不稳定的构造。由此可知，稳定我们的肩胛是一件多么重要的事情呀！

肩膀可以做的动作及范围很广，所以有很大的可动性，它可以上举、下压、外展、内收、画圈等。有些人在自然放松的情况下，肩膀或许会有些许往前倾或是微微往上举，肩膀不正确的位置往往造成我们肩膀酸痛的主要原因，每一个人都应该建立一个正确的肩胛中心线，让肩胛微微下压，稳定在脊椎的两侧成一个V字状。

肩胛骨的稳定可以避免颈部的紧张，当我们做任何动作之前，稳定肩胛骨是一件不可以忽略的事！

NG 肩胛往上举。

OK 肩胛平稳。

头、颈原则

当我们自然地站着的时候，头和颈的位置是否正确是很容易就看出来的，请身旁的人帮忙看看，你的耳朵是在肩膀中线的正上方，还是微微向前或向后呢？虽然它是一个很细微的动作，但是我们的肩颈酸痛问题往往也是因为头颈的位置不对所引起的！我们的颈椎要有一点微微弯曲的弧度，下巴微收，避免将头抬得太高而造成颈椎的压迫及过度伸展，是让头颈维持在正确位置的不二法则！

NG 耳朵偏离肩膀中线。

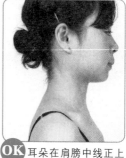
OK 耳朵在肩膀中线正上方。

进行香气提斯前的准备

了解了香气提斯运动的原则后，你一定已经准备好要与精油做一次亲密接触了，可你会调制个人的运动专属精油吗？不用担心，简单的几个道具，不到一分钟的时间，就可以完成！当然，刚开始时可能会准备久一点，不过，几次后你就会很顺手的！记得，每次进行香气提斯之前，先预留一点点时间，来进行这项充满气氛与浪漫的个人仪式喔！

✳ 香气提斯使用基础油介绍

精油是高度浓缩、具有腐蚀性的产品，不可直接使用。基础油可以稀释精油，将精油使用在肌肤上。以下，我们建议一般人比较容易取得、使用方便、效果优良的基础油：

· 向日葵花籽油

向日葵花籽油含有丰富的必须脂肪酸，以及维他命A、B、D、E、F。适合调理多样皮肤症状，且具滋润与保湿的功效，质地清爽，很适合用来做肌肤的保养。

· 玫瑰果油

含有高量的γ-亚麻仁油酸（GLA）及omega3脂肪酸，能促进伤口复原，延缓肌肤老化，防止细纹。

· 澳洲坚果油

澳洲坚果油含有高成分的棕榈烯酸（palmitoleicacid），而人体所分泌的皮脂也含有此成分，故澳洲坚果油极容易为皮肤所吸收，给予肌肤良好的滋润。

✳ 香气提斯调油步骤

1. 选择适合的环境：安静不杂乱的空间。
2. 准备调油工具：小钵、基础油、精油。

3. 选择精油香氛：复方精油的调和，建议不超过三种精油。

调油工具

4. 计算比例：每次调配基础油3mL，每次使用精油的总滴数不超过5滴为宜，也就是三种精油的总滴数加起来最多5滴，例：橙花两滴、岩玫瑰两滴、玫瑰草1滴。

5. 调制：计算所需精油与基础油用量，先在钵中倒入精油，再倒入基础油。

6. 调匀后涂抹在指定位置。

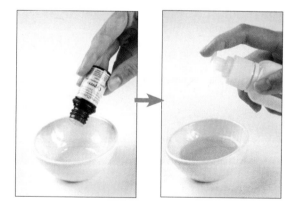

调制：1.倒入精油   调制：2.倒入基础油

✳ 香气提斯按摩方式

按摩部位

进行香气提斯时，可针对每个系统运作区域附近的肌肉位置做重点式的按摩，因为精油的疗愈分子会透过肌肤的吸收进入到血液中，再带往全身各组织系统，发挥效用。

这些部位与按摩方式如下图所示：

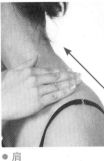

● 肩

● 劲

● 前胸

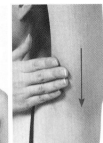

● 腋下

● 腹部

● 腰际

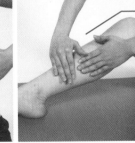

● 大腿内侧

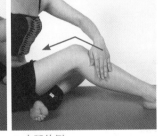

● 大腿外侧

● 肘窝

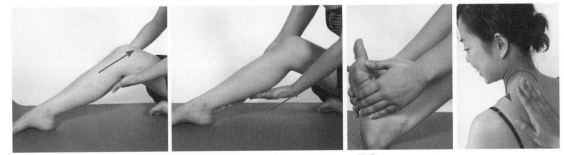

● 膝盖窝

● 小腿肚

● 脚底

● 背部：需他人协助

按摩原则

★一律从远心端到近心端。每日课程的7组动作中，按摩没有特定顺序，只要把握原则，按离心脏越近的部位越先的顺序按摩即可。

★有下述皮肤状况，不要按摩：瘀血、大面积的新疤痕组织、晒伤、感染或传染性疾病。

★有下述生理状况，按摩前需咨询芳疗师：静脉曲张、静脉炎、癌症。

✳ 薰香的方式

1. **选择薰香器材**：如扩香仪、水氧机、蜡烛薰香灯、插电薰香灯，等等。

2. **决定放置位置**：可将薰香器具置于瑜珈垫前方，不妨碍进行动作为原则。

3. **选择精油，决定比例**：可参考书中的精油配方。

4. **将精油滴入薰香器具中。**

5. **打开薰香器具开关。**

✳ 香气提斯前后注意事项：

★**练习前后禁止大吃大喝**：开始练习前一小时左右不要大吃大喝，可以喝水或吃一点食物，但是绝对禁止过量的正餐，或是太多汤汤水水的食物。过饱的食物会影响消化系统及练习时的专注力。运动后也尽量吃些清淡的食物，尤其是运动完吸收能力更好，可千万不要有"我刚刚已经运动了一个半小时，所以我现在有本钱可以大吃大喝！"的想法!

★**练习地点**：请选择一个安静、不会被外在因素干扰的环境，要求室温约26°C、通风良好、灯光足够。注意不要选择有人来人往的地方，更不要边看电视边做练习，因为它不仅是身体的练习，更可以帮助你看到内在的自己，所以你必须很专注于练习。

★**空间准备**：进行的空间要比瑜珈垫左右还要各宽一到两个垫子的宽度，长度约是上下各一半瑜珈垫的宽度，避免一不小心撞到家里的物品，造成危险。

★**练习的衣着**：宽松、有弹性、舒服及透气的衣服是必要的，如果有瑜珈或皮拉提斯专用的服装更好，可以让你在练习的时候充分地伸展。

★**练习的配备**：瑜珈垫是不可缺少的配备，厚度至少4mm，最好是天然材质，避免合成橡胶的化学味道；熏香器具、精油、音乐是香气提斯的必要条件，准备齐全会让你的练习质量加分不少。

★**精油的选择**：不一定要按照书本的建议，偶尔也可以来点变化，只要按照剂量比例调配，一定会带给你不少的惊喜。

★**练习前的心情调整**：开始练习前，花个两分钟的时间专注呼吸，让自己的心静下来。短短1-3分钟的冥想时间，可以让脑子安静，享受充满快乐的心情。

★**练习的伙伴**：如果可以，有个伙伴、家人一起练习是最好的，无论是邻居、朋友、家人，都是很好的选择，香气提斯很重视整体的效果，伙伴的互动影响，让我们的身心都能够有更好的加分效果喔！

最后，记得运动前，不要忘了暖身！

我们可以从简单的站姿下腰开始，不要小看这个简单的动作，它可是同时兼具了伸展我们的腿后肌群及温暖脊椎的功能呢！同时也慢慢让自己的心静下来，准备完全专注在之后的运动上喔！

Monday — Sunday

一周香气提斯

展开健康美丽的七天优质生活！

星期一到星期日，
照顾心血管系统、淋巴系统、神经系统、
肌肉骨骼系统、生殖内分泌系统、
消化系统、边缘系统，
给予您全方位的健康好气色！

Mon 星期一
充满优活力：
循环（心血管）系统香气提斯

本单元藉由循环系统香气提斯特殊设计的动作，以及特别搭配的香氛精油使用，能够有效帮助学员循环（心血管）系统运作提升。

每次到三楼的办公室都宁可花五分钟等电梯？下班时间都还没到就开始精神涣散、视线模糊？看到别人在跑步、打球就感觉神智放空、恍如隔世？好像生活里面跟运动的最直接关系就是体育频道或是翻阅报纸头条？

没什么血色的白皮肤跟小心翼翼不敢晒黑的白皮肤其实是两回事，你可以不用晒到恼人的太阳（但其实适量的晒太阳对身体是有好处的），也还是可以拥有好气色的白皮肤！

毕竟神采奕奕也是美丽的重要元素，好气色更是美丽的必要条件，而这些，都是进行香气提斯的优点之一，而且，后续还有说不尽的好处呢！

你有以下这些症状吗？

以下表格是帮你做循环系统体质的检测，想知道自己身体的状况，赶快拿起笔，做以下的小测验吧。

◎ 依自我情况检测，1分代表轻微、2分代表还算轻微，依此类推，5分程度最高。

	轻微	还算轻微	尚可	有点严重	严重
很少运动	□1分	□2分	□3分	□4分	□5分
体力差、觉得常常懒得动	□1分	□2分	□3分	□4分	□5分
容易疲倦	□1分	□2分	□3分	□4分	□5分
早晨起床昏昏沉沉	□1分	□2分	□3分	□4分	□5分
走路总觉得步伐沉重	□1分	□2分	□3分	□4分	□5分
常常觉得精神无法集中	□1分	□2分	□3分	□4分	□5分
对以前感到兴奋的事情渐渐提不起劲	□1分	□2分	□3分	□4分	□5分
疲累的时候容易头晕	□1分	□2分	□3分	□4分	□5分
气色不佳	□1分	□2分	□3分	□4分	□5分
上下楼梯感到吃力	□1分	□2分	□3分	□4分	□5分

自我评量表

本单元将针对循环系统方面的问题加以解决，读者可以按照书中的教学及附录的课表操作，并于每个月追踪。

◎检测日期
____ 年 ____月 ____ 日
发现自己有____种状况
总分为__ 分

◎课程进行一个月后
____ 年 ____月 ____ 日
发现自己有____种状况
总分为__ 分

◎课程进行三个月后
____ 年 ____月 ____ 日
发现自己有____种状况
总分为__ 分

香气提斯医学知识万花筒

循环系统（心血管系统）是由心脏及血管组成，心脏负责血液供输的力量，血管则是血液流动的管线。就像是家里的马达跟水管一样，不好好保养的话，也会不时出问题喔！

✳ 血液具有许多功能

1. 血液可协助身体内在环境维持恒定：血液和组织液都是身体内在环境中一部分，想要身体健康，两者需有一定的稳定度，不能够变化过大。

2. 血液可协助调节体温：身体温度太高的时候，多余的热量会被带到皮肤表层蒸发掉，如果天气变冷，血液能够使我们维持一定的温度，身体的重要机能运作不至于因体温过低而罢工。

3. 血液可运送身体里面内分泌系统所制造的各种激素（荷尔蒙）。

4. 血液能够帮助我们对抗感染：白血球细胞可吞噬病原体，产生抗体对抗侵入我们身体的致病因子。

5. 血液可维持身体内部组织液成分一致：养分和氧气由微血管扩散到组织液中，还可接收二氧化碳等废物，并将其带到肺脏，从而排放出去。

6. 血液能够帮助我们修补血管：血管受伤时，血液的结块和凝固能够防止血液由血管破口持续渗漏。

✳ 心跳速率受到神经系统的调节

延脑内的心脏控制中枢（cardiac control center）藉由自主神经系统而改变心跳的速率。

副交感神经脉冲可使心跳变慢，交感神经脉冲则使心跳加速。

如果血压下降，当我们突然站立时，神经系统便会通知延脑内的心脏控制中枢，藉由交感神经脉冲使心跳速率加快；一旦血压回升到正常值以上时，副交感神经脉冲便会使心跳变慢。

延脑内的心脏控制中枢受大脑和下视丘的影响。因此当我们感到焦虑时，交感运动神经便会被活化，且肾上腺髓质会释放肾上腺素和正肾上腺素两种激素，使得心跳加快。

进行香气提斯这种较为和缓的活动加上心血管系统配方精油的协助，则会引起迷走神经活化，进而使心跳速率变慢。

今天的动作设计都是针对我们的心血管系统，也就是我们的循环系统，你会发现不但呼吸的速度节奏变快了，动作上也比较流畅，目的都是为了要促进我们的血液循环，更有让你流一身汗的效果喔！不要忘了当你觉得呼吸已经变喘的时候，更要深吸深吐，让氧气可以充分地进到我们的肺部喔！

另外，在你挥汗如雨的同时，精油正在你心脏、血管的每个角落帮你做保养呢！

香气选择

✳ 循环系统

精油在循环系统的主要功能：调理心血管的循环、促进新陈代谢功能、加强血管弹性。

★调理心血管的循环：罗勒、白千层、甜茴香、柠檬香茅、纯正薰衣草、香蜂草、橙花、玫瑰草、玫瑰、檀香、穗甘松、
　茶树、依兰

★促进新陈代谢功能：大西洋雪松、快乐鼠尾草、永久花、牛膝草、杜松、绿花白千层、广藿香、岩兰草

★加强血管弹性：岩玫瑰、丝柏、天竺葵、柠檬、西洋蓍草

	香气选择1	香气选择2
适合对象	喜欢甜美花香调的人、外食族、爬个楼梯就上气不接下气的体弱一族、心烦意乱者。	喜欢花香与木质调的人、不喜欢运动者、有静脉曲张者。
配方	橙花／岩玫瑰／玫瑰草	穗甘松／依／柏
配方说明	此配方主要针对促进心血管循环，疏通动、静脉。这三种精油对长期因外食导致心血管功能不佳有促进循环的功能；也能够清理心血管的废物，以免造成硬化；对于心理长期累积的负面情绪也有排导的功能。香味甜美清香，适合所有的人使用。	主要针对促进心血管循环，缓和心悸的情况，强化静脉弹性，预防静脉曲张。 这三种精油对长期手脚冰冷的人有促进循环的功能，还能够强化静脉壁的弹性，缓和静脉曲张，另外也有助安抚焦虑，帮助入眠。
心理层面	针对控制欲强，一旦事物没有达到当初所设定的目标或期待落空便慌张焦躁、情绪起伏大的人，能安慰内心，产生自信，勇于改变自己。	适合严谨、固执、自我设限、无法放下成见也无法表达真实感受的人，藉由勇敢面对内心真实感受，诚实地释放情绪，而达到身心平衡。
内在调理	饮用 200mL水 ＋ 玫瑰纯露3mL 饮用 200mL水 ＋ 花的絮语3mL（玫瑰＋橙花纯露）	
熏香精油选择	檀香：缓和过度思虑的习惯，让心灵沉淀安静。 岩兰草：能给予稳定的情绪，是个动静皆宜的选择。	橙花：甜美的香气，有助释放紧张的情绪与压力。 丝柏：清新的木头香，使人勇敢面对不知名的恐惧。

•• 芳疗师小叮咛

★血压不稳定的朋友，一定要事先告知您的运动教练及芳疗师。
★如有服用抗凝血剂的朋友，永久花、牛膝草要避免使用。
★檀香、岩兰草、柠檬香茅、依兰、罗勒、甜茴香属于较浓郁香味，低剂量使用即可。
★牛膝草为含酮量较高的精油，注意不可长时间高剂量使用。
★柠檬精油含有香豆素，使用后不宜曝晒于阳光下，否则容易造成黑色素沉淀。
★使用快乐鼠尾草精油前后两小时内，切勿饮用含酒精的饮料或汤汁，避免引发头晕或过度
　放松等酒醉情况。

1 坐姿扩胸

难度指数： ★☆☆☆☆
训练肌肉强度区域： 三角肌、阔背肌、胸大肌
系统运作区域（精油按摩部位）： 前胸

这个动作不但可以达到扩胸的效果，同时也可以减缓肩颈酸痛，预防"五十肩"。

1. 坐姿，脊椎向天空延伸。

2. 手十指交扣放在臀上，双手向后伸长微微离开臀部，颈椎微微向后拉长，吸气预备。

3. 吐气，肩膀往后夹，双臂伸直往上抬，停留10秒左右。

4. 吸口气预备，吐气时再将手放回原位，再由动作2开始重复做五次。

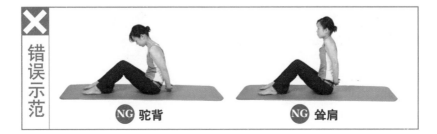

错误示范

NG 驼背　　　**NG** 耸肩

2 桥式

难度指数：★☆☆☆☆
训练肌肉强度区域：三角肌、胸大肌、臀大肌、股四头肌群
系统运作区域（精油按摩部位）：前胸、腹部

动作想要更深入，可以在胸部正下方加块瑜珈砖或是大毛巾卷，增加扩胸的角度。此动作可是胸闷的克星喔！不要忘了，肚子和臀部同时也都是紧紧地收缩。

错误示范

1.平躺在地上，双脚屈膝踩在地板上，尽量让脚跟靠近臀部。

2.吸口气预备，吐气，将臀部及背部往上推。

3.手置于肩膀下方，十指交扣，感觉将肩膀用力地往地面上推，达到扩胸的效果。大腿平行内收，有点往内夹的感觉。停在上面深吸深吐，大约停留30秒。

4.吐气，再慢慢回复躺姿。

3 后翻

难度指数：★★☆☆☆
训练肌肉强度区域：腹直肌、腹外斜肌、腓肠肌、腿后侧肌群
系统运作区域（精油按摩部位）：腹部、膝盖窝

这个动作已经很熟练的时候，可以试着卷起来时，把双脚向天空的方向伸直，感觉不仅手肘推地，后脑勺也有一股向下推的力量，向天空踢的感觉。

2.吸气，右脚90°抬起。

1.平躺于地上。

4.吸气，把脚放置斜45°。

3.吐气时先把腰贴满地，再把左脚90°抬起，双脚伸直并拢，脚掌朝天空好像要往天空踢出去一样。

5.吐气，把脚往后带，双手平贴地面，腰部卷起，双脚伸直平行于地面，脚勾，停在这个动作深吸深吐约五个呼吸。

6.吐气时，将身体慢慢用卷的方式，感觉脊椎一节节地卷回地面上。

错误示范

NG 下巴扬起　　　　NG 肩膀离地

4 眼镜蛇过肩式

难度指数： ★ ★ ☆ ☆ ☆
训练肌肉强度区域： 胸锁乳突肌、腹横肌、斜方肌
系统运作区域（精油按摩部位）： 前胸、腹部、颈部、肩部

此动作除了可以强化心血管系统之外，也可以增加肺部和心脏的压力，再加上左右转头也可以达到雕塑颈部、背部肌肉，让身体的线条看起来更迷人！但是要小心别让核心睡着，造成腰椎过度的压力。

1. 趴姿，额头轻轻点地，下巴收起，双手置于腰侧，向下按压地板。

2. 吸气预备，吐气，手掌向地面用力将上半身推起来，感觉脊椎延伸拉长，两眼平视前方。

3.吸口气停留，吐气头部轻轻地向左转，肩膀不动，看到左边的脚跟，停留三个呼吸，吐气时脸部转回前方。然后以同样方式换右边练习，重复此动作左右各三次。

4.回到正中央，吐气，慢慢将上半身放回地面。

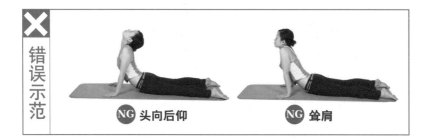

错误示范

NG 头向后仰　　　　NG 耸肩

1.双脚屈膝抬起，小腿与地板平行。

2.双脚指向天空与地面呈90°，腰部紧紧贴在地板上，吸气预备。

3.吐气下巴收，把上半身带起来，双手带到膝盖外侧，吸气预备。

5 剪刀脚

难度指数：★★★☆☆
训练肌肉强度区域：腹横肌、腹直肌、股四头肌群
系统运作区域（精油按摩部位）：前胸、腹部、膝盖窝

记得做这个动作的时候，核心肌群要稳定，不要摇摇晃晃像个摇摇椅一样，腰要紧紧贴在地上，感觉是用呼吸来带动动作。记得，在空中换脚时要吸气喔！

4.右脚伸直往自己的方向靠近，左脚向前向下延伸拉长，两次吐气。

5.吸气时换脚，左右各重复八次。

6.吸气，双腿拉回天空。

7.吐气，回到双脚屈膝与地板平行的动作。

错误示范

NG 脖子过度紧张、僵硬　　NG 双脚没有伸直

6 脚跟拍打

难度指数：★★☆☆☆
训练肌肉强度区域：股二头肌群、臀大肌、内收大肌
系统运作区域（精油按摩部位）：前胸、小腿肚、膝盖窝

此动作训练肌肉强度，因此脚跟拍打时可以轻快，但不要过于急躁。

1. 趴姿，额头轻点地，双手放在额头下当枕头，肩膀放松，臀部、腹部夹紧，吸气预备。

2. 吐气，双腿成V字形，臀部收缩，将双脚延伸抬离地面。

3. 以吸五次吐五次的方式，脚跟打脚跟，大腿内夹紧。吸、吐五次为一回，总共做五回。

4. 吸气停留，吐气双脚放下，回到地板上。

错误示范

NG 驼背、耸肩

7 百式呼吸

难度指数：★★★★☆
训练肌肉强度区域：腹横肌、腹直肌、股四头肌
系统运作区域（精油按摩部位）：腹部、前胸

这是一个加强心肺功能以及核心稳定的动作，需要用到很多核心稳定的力量。每一个吸吐之间，是不是感觉全身的脂肪都在燃烧着？要注意的是：腰要紧紧地贴在地上，不要造成腰椎的负担，肩膀和脖子也不会酸。让你的肩膀稳定并远离耳朵，下巴微微收进来，好像是你在下巴夹了一颗网球一样。

1.身体平躺。

2.双脚屈膝抬起，双手在身体两侧延伸，吸气预备。

3.吐气，双手向前延伸拉长，下巴收，把上半身带起来，双手离开地面约五公分，双脚同时向前延伸拉长。

4.手臂配合呼吸像拍小皮球一样，连续吸吐五次，共五到十回。

5.吸气，双腿收回，双手抱住膝盖外侧。

6.吐气，再慢慢回到预备姿势。

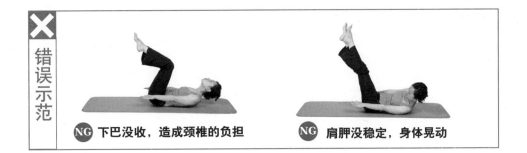

错误示范

NG 下巴没收，造成颈椎的负担

NG 肩胛没稳定，身体晃动

Tue 星期二
美丽好身材：
淋巴系统香气提斯

本单元藉由淋巴系统香气提斯特殊设计的动作以及特别搭配的香氛精油使用，能够有效帮助学员淋巴系统运作提升。

"水肿"！！这真是一个有震撼力的形容词，令每个爱美的女士闻之色变！造成水肿的原因来自身体缺乏运动。

刻板印象中，"好女孩不该喜欢动来动去。""女生应该是文静的！"女生有绝大多数的比例都是不爱运动的，甚至可以说是不爱动的。不运动的理由，汇集起来比电话簿还要厚，所以水肿的问题几乎是永远没有办法处理好的问题！

缺乏运动的情况下，要消除水肿，女士们很容易就听信广告，把钱交给"专业人士"来帮忙处理这个令自己头大的问题。而且，去一次两次"做身体""推脂"是没效的，最好一定要"每天去""经常去"才会有效果。

然而，每天都得去花大钱的效果，绝对比不上一天进行30-60分钟的香气提斯，不仅能省下白花花的银子，重要的是，香气提斯的效果是全方位的。

？你有以下这些症状吗？

以下表格是帮你做淋巴系统体质的检测，想知道自己身体的状况，赶快拿起笔，做以下的小测验吧。

◎ 依自我情况检测，1分代表轻微、2分代表还算轻微，依此类推，5分程度最高。

	轻微	还算轻微	尚可	有点严重	严重
很少运动	□1分	□2分	□3分	□4分	□5分
工作状态容易维持长时间的坐姿或站姿	□1分	□2分	□3分	□4分	□5分
早晨脸部容易浮肿	□1分	□2分	□3分	□4分	□5分
常在下午时感到双脚浮肿	□1分	□2分	□3分	□4分	□5分
外表看起来比实际体重胖	□1分	□2分	□3分	□4分	□5分
用手指轻压腿部，肌肉弹性不佳	□1分	□2分	□3分	□4分	□5分
下半身始终圆鼓鼓	□1分	□2分	□3分	□4分	□5分
感觉自己"喝水也会胖"	□1分	□2分	□3分	□4分	□5分

自我评量表

本单元将针对淋巴系统方面的问题加以解决，读者可以按照书中的教学及附录的课表操作，并于每个月追踪。

◎检测日期
＿＿年＿＿月＿＿日
发现自己有＿＿种状况
总分为＿＿分

◎课程进行一个月后
＿＿年＿＿月＿＿日
发现自己有＿＿种状况
总分为＿＿分

◎课程进行三个月后
＿＿年＿＿月＿＿日
发现自己有＿＿种状况
总分为＿＿分

香气提斯医学知识万花筒

　　人体全身都布满了淋巴管。人体80%的组织液，也就是一般人惯称的"水"，都是经由淋巴系统的淋巴管协助回收到循环系统，运作不良，身体就会水肿。但是由于淋巴管跟血管有个很大的不同，就是淋巴管没有像心脏一般的强力帮扶，因此就像一楼的水若没有加压水泵，当然就送不到三楼！

　　一般来说，淋巴管依靠肌肉间相互的挤压，一步一步地将淋巴管内的淋巴液挤回来。因此，能否保持良好的"水分"回收功能，也就与我们是否能够保持运动有关系！

✳ 淋巴系统

　　淋巴系统包括淋巴管和淋巴器官，具有三种功能：

1. 淋巴管可吸收过多组织液并将其送回血流内。
2. 淋巴微血管在肠绒毛处吸收脂肪，并将它们运送到血流内。
3. 淋巴系统可协助身体抵御疾病。淋巴系统的淋巴球能够辨认抗原（多来自细菌、霉菌、病毒、药物，甚至花粉），是因为每个淋巴球表面上都有针对不同抗原的抗体，每种抗原都需要一种特定的抗体。

　　今日课程中的动作设计会透过肌肉来挤压身体的淋巴管，因此，可以有效地帮助我们消水肿及排除身体多余的水分。这就是为什么我们今天的动作都是针对子身体的伸展，手臂、腋下、身体侧边，一直到鼠蹊部，甚至到整个腿部后侧，这些都是针对我们身体的淋巴管腺密集的地方做伸展，加速淋巴的流动，所以会想上厕所是正常的。

　　另外，虽然本篇的重点在于帮助学员消除水肿，但其实淋巴系统与免疫能力也是息息相关的，对于这个系统的保养，也就显得尤为重要。要维持良好的免疫能力，除了要避免受寒，还要保持最佳的抵抗力、充足的营养、足够的睡眠、适当的运动。

　　以下也有一些饮食建议基本原则提供给学员参考：

1. 水：生命来自于水，人的体内水分含量少于一个比例，器官就会开始衰竭；我们又可以说水是身体的活力来源，身体中酵素、废物代谢需要一定比例的水分才能顺利排出。
2. 绿茶中含有的丰富的多元酚是天然的抗氧化剂。
3. 摄取适量的蛋白质：免疫系统中的白血球、淋巴球及抗体等对抗疾病的武器，都须要蛋白质才能制造。奶制品、蛋制品、鱼、碎肉和豆腐等，都是蛋白质良好的来源。
4. 蔬果摄取：蔬菜水果富含维生素及矿物质，这两种成分是人体必需的营养素。
5. 减少脂肪、精制糖、酒精、咖啡因及药物的摄取。

香气选择

✳ 淋巴系统

精油在淋巴系统的主要功能：促进淋巴系统的运作、净化淋巴结、增进白血球抗病毒的功能。

★对淋巴系统有利的精油：欧白芷、芫荽、蓝胶尤加利、澳洲尤加利、史密斯尤加利、天竺葵、杜松、月桂、柠檬、香桃木、檀香
★净化淋巴结：大西洋雪松、丝柏、牛膝草、月桂、柠檬、松针、鼠尾草
★增进白血球抗病毒的功能：岩玫瑰、蓝胶尤加利、澳洲尤加利、史密斯尤加利、柠檬、薄荷、茶树

	香气选择1	香气选择2
适合对象	适合喜欢花果与木质调性的人，以及容易下半身浮肿、体质呈酸性的人，促进淋巴系统循环与加强身体代谢。	适合喜欢花果香的人，主要针对促进淋巴系统循环与加强身体免疫机制。
配方	天竺葵／杜松／柠檬	葡萄柚／花梨木／柠檬香茅
配方说明	这三种精油对容易水肿的体质有很好的排水功能，而且能够加速身体毒素的排出。运动后泡澡或按摩使用，能够代谢乳酸，增进身体与心理的免疫力。 这组配方有香味轻快的果皮香，隐含着稳重的药草香气，适合都会上班族及家庭主妇。	这三种精油对容易水肿的体质有很好的排水功能，而且能够加速脂肪的代谢与身体毒素的排出。运动后泡澡或按摩使用，能够代谢乳酸，增进免疫力。 这组配方有着熟悉酸甜的水果香，和淡淡的木头香气，适合都会男女。
心理层面 内在调理	适合过度要求呈现稳重内敛，不轻易表达内心感情或拒绝承认内心情感的人，能放下对他人的怀疑与自我的限制和恐惧被拒绝、会失败的忧虑，相信重要的人可以接纳自己的本相，进而释放出内心压抑许久的情感。	适合因为他人或环境不符合自己所期待，就感到深深失落、愤怒的人。这组配方不仅能淡化内在的无奈与愤怒，并且还可引领人发现生命中仍有许多美好，无限可能。
薰香精油选择	饮用200mL水 + 天竺葵纯露3mL + 月桂纯露3mL 饮用200mL水 + 玫瑰天竺葵纯露 3mL	
	柠檬：提振精神，使心思敏锐。 薄荷：能给予正面积极的生命力。	葡萄柚：释放因受委屈而隐藏的愤怒。 花梨木：使心思清明，寻得内在智慧。

◉∙∙ 芳疗师小叮咛

★最好了解水肿的原因，如果是心脏、肝脏、肾脏疾病引起的水肿，一定要就医治疗，使用精油前一定要询问专业的芳疗师。
★柠檬精油与欧白芷精油、葡萄柚精油含有香豆素，使用后不宜曝晒于阳光下，否则容易造成黑色素沉淀。
★蓝胶尤加利较适合用于薰香，直接用于皮肤较容易造成刺激。
★牛膝草、鼠尾草含酮量较高的精油，注意不可长时间高剂量使用。

1 单边骆驼伸展

难度指数：★★☆☆☆
训练肌肉强度区域：腹内外斜肌、阔背肌、臀大肌、髂腰肌
系统运作区域（精油按摩部位）：肩、劲、腋下、腰际、膝盖窝、肘窝

因为手的延伸拉长去按摩腋下的淋巴，加上臀部往前推，鼠蹊及大腿前侧完全伸展。刚开始做这个动作时，可以先把手插腰，重点放在臀部大腿往前推，效果是一样的呢！膝盖不好的人，记得在膝盖下面垫一条毛巾，保护膝盖喔！

1.跪姿，脊椎延伸拉长，双手放在身体两侧，吸气预备。

2.吐气时扩胸，臀部向前推，右手往后拉住右脚脚跟，腹部收，保持大腿及臀部向前推，大腿和地面垂直。

3.左手往右后方延伸拉长，脖子可以舒服地往后看，感觉整个左半边的肌肉延伸拉长，停留三至五个呼吸。

4.吸气时再把左手拉回。

5.吐气，腹部收紧，右手到后腰部支撑。

6.头、颈回到预备姿势。

7.做完右边换左边，重复三至五次。

8.最后回到婴儿式休息。（动作请参考P100）

错误示范

NG 身体过于后倾　　**NG** 肩膀松垮

2号箭步新月伸展

难度指数： ★★☆☆☆
训练肌肉强度区域： 大腿内侧肌群、鼠蹊部
系统运作区域（精油按摩部位）： 腋下、腰际、膝盖窝、肘窝

此动作可同时按摩到腋下和鼠蹊部位的的淋巴结，可伸展和雕塑手部、双腿及髋关节线条，更可达到放松大腿内侧的肌肉的效果。刚开始如果手离开膝盖很辛苦，可以先做下半身，慢慢再增加双手的伸展。伸展的幅度可以慢慢依照自己的程度增加。

4.吸气，把身体轻轻带起，左膝盖离地。

1.四足跪姿准备。

2.吸气，右脚跨一大步到两手间。

3.吐气，左膝盖跪地，脚趾头向下踩着地板，右膝盖朝向正前方，小腿与地面垂直，双手轻放于膝盖上。

5.双手拉向天空。

NG 骨盆不正

NG 肩颈过度紧张

NG 脚过度内缩，膝盖小于九十度，脚的压力过大。

6.吐气，保持骨盆稳定往下坐，重复吸气带起、吐气往下坐，重复五至八次。

7.最后吸气，再把左膝盖跪地。

8.吐气，再回到四足跪姿。换左脚重复相同的动作。

3 麻花大反转

难度指数： ★★★★☆
训练肌肉强度区域： 腿后侧肌群、斜方肌、肱三头肌
系统运作区域（精油按摩部位）： 大腿内侧、大腿外侧、膝盖窝、肘窝

这是一个很有趣的动作吧！把自己像拧毛巾一样，转转转！没错，把全身的淋巴打通开来吧！
觉得这样很辛苦的读者，可以先选择做脚步的扭转就好了，双手可以舒服地放在腰间或是地上，等你的身体准备好了，再加上手的动作。

1. 双脚打开两倍肩膀宽，脚掌平行踩稳于地上，双手叉腰，吸气预备。

2. 吐气，身体前弯，双手摸地，膝盖伸直。

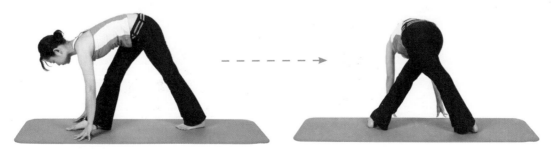

3. 掌及手掌慢慢往右后方爬转过去，一直到双脚脚指头及手指头转向后方为止。

4.双手拉到背后互扣，延伸拉长，停在这里深吸深吐三至五个呼吸。

5.吸气，把手解开轻轻扶地。

6.吐气，转回正面。左边重复一样的动作。

错误示范

NG 脚掌的重心偏移、翘起　　　NG 耸肩、驼背

4 抬腿

难度指数：★★★☆☆
训练肌肉强度区域：肱三头肌、臀大肌、股四头肌
系统运作区域（精油按摩部位）：颈、腋下、肘窝、膝盖窝

核心的力量不要忘记了喔！要把手掌往地面的方向推，才不会造成手腕的负担，感觉臀部有活力地往天空方向推出去。让自己的身体变得很轻很轻。偷偷告诉你吧，其实做这动作的同时也在美化你的肩膀和肩胛骨，感觉到了吗？

1.坐姿，手臂向后伸直，手指指向自己的方向，双脚伸直合并于前方，吸气预备。

2.吐气，手掌用力往下推，把身体推到斜板的位置，感觉整个身体就像是溜滑梯一样，脚掌踩向地面，下巴收回。

3.吸气，右脚向上延伸拉长，吐气下。

4.左脚向上延伸拉长　吸气，吐气下，
　重复三至五个呼吸。

5.吐气，身体再慢慢回到地板上。

错误示范

NG 坐着的时候，肩膀靠近耳朵　　　　NG 抬起来时，屁股没往天空推

5 双鸽伸展

难度指数： ★☆☆☆☆
训练肌肉强度区域： 臀大肌、肱三头肌
系统运作区域（精油按摩部位）： 颈、膝盖窝

当你把脚放到双鸽式的时候，会觉得髋关节的部分很紧很紧！
没错，这就是在帮你伸展髋关节！停在你很紧但是还算是舒服
的位置就好了，千万不要用力去压关节喔。

错误示范

NG 驼背　　**NG** 手肘外开

1. 坐姿，右脚在上，
   左脚在下，小腿平
   行交叠在一起。

2. 吸气，双手从身体两
   侧画大圈圈到耳朵两
   边，十指交扣。

3. 吐气，手肘内收，
   双手向后带，手掌
   碰到脖子。

4. 吸气拉回，吐气再往后
   带，重复五至八次。

5. 吐气，手解开再画个大
   圈圈，回到身体两侧。

6 侧边手脚伸展

1. 侧躺于地上，左手贴在左耳后面，身体左侧完全贴在地上。

2. 吸气，右脚膝盖弯，右手勾住右脚拇趾。

3. 吐气，右腿和右臂向上伸直，如果脚无法伸直，用手抓小腿或大腿后侧也是可以的，停在这里深吸深吐，八到十个呼吸。

4. 吸气，把脚弯曲回来。

5. 吐气，回复到预备姿势。换边伸展，左右交替重复三次。

难度指数：★★☆☆☆
训练肌肉强度区域：腿内收肌群、肱三头肌
系统运作区域（精油按摩部位）：肩、颈、肘窝、膝盖窝、大腿内侧

刚开始做的时候会觉得腿部后侧很紧，不要勉强喔！慢慢地去享受动作。它可以彻底放松我们因为压力大产生的疲劳，更可以加强腿和手臂的淋巴排毒呢！同时也可以加强血液循环到骨盆系统及内分泌系统，是一个好处多多的动作喔！要有肩膀往下扎根的感觉，身体不是懒懒地放在地上。

错误示范

NG 身体向前倾

NG 膝盖弯曲

7 牛面伸展

难度指数：★★★☆☆
训练肌肉强度区域：臀大肌、三角肌、肱三头肌
系统运作区域（精油按摩部位）：劲、腋下、肘窝、膝盖窝

促进身体和头部的血液循环，同时也按摩到全身的淋巴系统，并且可以扩胸以及打开肩关节，增加肩关节的灵敏度，让你远离"五十肩"。另外，大腿外侧一直到连接臀部的地方是不是有点酸酸的呢？没错，动作同时也在修饰腿部的线条呢！

1.双腿交叉，右脚在左脚上，骨盆正，坐骨平均坐在地上，上膝盖对齐下膝盖，脊椎延伸坐直。

2.吸气，左手高举过头，手肘弯曲，手掌摸到脖子后侧。

3.吐气，右手拉高抓住左手肘帮助伸展，停在这里深吸深吐五个呼吸。

错误示范

NG 驼背

NG 骨盆不正、臀部离地

4.吐气，手慢慢放下。换手换脚，重复相同的步骤。

Wed 星期三

抗压好心情：
神经系统香气提斯

本单元藉由神经系统香气提斯特殊设计的动作以及
特别搭配的香氛精油使用，能够有效帮助学员神经
系统运作提升。

现在快速的生活环境，不管在世界的哪个角落、什么身分、从事什么工作，人人都逃离不了越来越大的压力。现在越来越多的人都有个很严重的共通问题，就是似乎已经失去了"快乐"的能力！

进行香气提斯的活动，能够镇静我们紧张的情绪。今天配合神经系统的精油里，有一种强力镇静的精油——苦橙叶，可缓和身体因为压力所引起的各种不适，还能够缓解失眠的状况。很多人都有失眠的困扰，造成失眠的原因有上百种，但是大多数的人都是因为神经太紧张。当你整个人都处于紧绷状态的时候，怎么可能可以好好地入眠呢？试着放开扰人的杂事，配合可以让你放松的精油，也许，今天晚上你可以睡得香甜。每天进行香气提斯，将有效地改变我们的心情喔！

你有以下这些症状吗?

以下表格是帮你做神经系统体质的检测，想知道自己身体的状况，赶快拿起笔，做以下的小测验吧。

◎ 依自我情况检测，1分代表轻微、2分代表还算轻微，依此类推，5分程度最高。

	轻微	还算轻微	尚可	有点严重	严重
对许多事情意兴阑珊、提不起劲	□1分	□2分	□3分	□4分	□5分
常常觉得心情不好	□1分	□2分	□3分	□4分	□5分
放假的时候什么都不想做	□1分	□2分	□3分	□4分	□5分
容易紧张	□1分	□2分	□3分	□4分	□5分
常常忘东忘西	□1分	□2分	□3分	□4分	□5分
不容易睡个好觉	□1分	□2分	□3分	□4分	□5分
常常睡不饱	□1分	□2分	□3分	□4分	□5分
整天精神不振	□1分	□2分	□3分	□4分	□5分
一点不顺就生气很久	□1分	□2分	□3分	□4分	□5分
常常睡眠不足	□1分	□2分	□3分	□4分	□5分
很少跟朋友出去	□1分	□2分	□3分	□4分	□5分
觉得自己常常神经紧绷	□1分	□2分	□3分	□4分	□5分

自我评量表

本单元将针对神经系统方面的问题加以解决，读者可以按照书中的教学及附录的课表操作，并于每个月追踪。

◎检测日期
____ 年 ____月 ____ 日
发现自己有____种状况
总分为 ____ 分

◎课程进行一个月后
____ 年 ____月 ____ 日
发现自己有____种状况
总分为 ____ 分

◎课程进行三个月后
____ 年 ____月 ____ 日
发现自己有____种状况
总分为 ____ 分

香气提斯医学知识万花筒

✳ 神经系统功能

中枢神经系统，包含大脑与脊髓；周边神经系统，则包含所有脑神经与脊神经。神经系统主要有以下三种功能：

1. 形成感觉：存在于皮肤和器官中的感觉受外在和内在的刺激会产生神经脉冲，传导至中枢神经系统。

2. 整合感觉：中枢神经系统整合所收到的来自全身上下的神经脉冲。脑部的整合作用可决定身体的一般动作，之后，中枢神经系统会将神经脉冲送到反应器。

3. 输出运动刺激：来自中枢神经系统的神经脉冲会到达肌肉和腺体。肌肉收缩和腺体分泌皆是对刺激所产生的反应。

✳ 舒压的饮食原则

许多的事情可以帮我们快乐、压力变小，运动、使用精油、拜访朋友、旅行，都是很好的办法！

另外，饮食若能依循一些原则，也能帮助降低压力喔：

1. 均衡饮食：六大类食物（五谷根茎类、蛋豆鱼肉核果类、奶类、蔬菜类、水果类、油脂类）不偏颇。均衡饮食能丰富体内的抗氧化物质，也有酸碱平衡的功效。

2. 多摄入含维生素B群的食物：专家将维生素B群视为"舒压剂"，在临床实验也证明，维生素B群能维护神经系统稳定，消除疲劳，提振精神，让人更放松心情。维生素B群含量丰富的食物有：胚芽米、糙米、全麦面包、酵母、深色蔬菜、全谷类、瘦肉、蛋类、牛奶、动物内脏等。

3. 维生素C具有保护细胞抗氧化、增强免疫力的功效。食物来源有新鲜的蔬菜、水果，尤其是生食的蔬菜、番石榴、柑橘类、葡萄柚、奇异果等。

4. 摄取适量矿物质：钙、磷、镁、钾等矿物质，具有调节心跳、稳定神经、舒缓压力、减轻疲劳等功效。

5. 避免过多地摄取精致糖：摄取过多的精致糖容易导致紧张、焦虑。

6. 含咖啡因的饮料应适可而止：咖啡因会增加肾上腺素的分泌，反而让心情变烦躁，压力增加，也可能会干扰睡眠质量。

7. 多喝水可活化脑细胞。人体内的水分占70%，因此人体缺水时可能产生疲倦、头痛的现象。建议每天至少喝1500-2000mL的水。

香气选择

✳ 神经系统

精油在神经系统的主要功能：缓和神经痛、改善神经发炎症状。

★缓和神经痛（包括坐骨神经痛）的症状：白千层、纯正薰衣草、永久花、檀香、茶树、鼠尾草、杜松、绿花白千层、岩兰草、罗马洋甘菊、德国洋甘菊、西洋蓍草、天竺葵、松针、百里香、丁香、姜、蓝胶尤加利、澳洲尤加利、史密斯尤加利、马郁兰、芫荽

★改善神经发炎症状：月桂、鼠尾草、罗马洋甘菊、百里香、香桃、薄荷、罗文莎叶

	香气选择1	香气选择2
适合对象	适合喜欢南洋风情、渴望重新展现生命活力的人，主要促进神经系统调理与舒缓情绪压力。	适合具有时尚品味又亲切感十足的人，缓合因神经紧绷而造成全身性的疼痛与舒缓情绪压力。
配方	苦橙叶／甜橙／丁香	罗勒／罗马洋甘菊／佛手柑
配方说明	味道稳重中不失俏皮。喜欢这个组合的朋友大多从事业务工作，有不少的上班族也很喜欢。在此氛围中运动，永远给人愉快、自在的感受。运动前饮用纯露水可让运动后心情平和，也有利尿的效果。	这个组合主要是用来舒缓因压力过大、神经紧绷而造成全身性的疼痛及失眠等，味道上比较阳刚却温暖。喜欢这个组合的大多是主管阶层的朋友，有不少的业务营销专员也很喜欢。
心理层面	适合追求完美却在过程中越来越钻牛角尖、变得神经兮兮、神经紧绷的人。这组配方有助于放松，将繁杂的思绪清理干净。你会发现原来所要寻求的灵感或处事的智慧就潜藏在内心深处。	适合高估自己的能力、事情无法如期达成目标而感到挫败、深深自责或埋怨对自己有期待的对象之人。这组配方可让人安静地省察自己的内心，勇敢地向他人表达自己需要扶持与帮助。
内在调理	饮用250mL水＋橙花纯露 3mL＋香蜂草纯露 3mL 饮用250mL水＋橙花纯露 3mL＋胡椒薄荷纯露 3mL	
薰香精油选择	甜橙：能安抚焦躁不稳的情绪，使心情放松。 丁香：奔放的香气，带来阳光般的活力。	佛手柑：释放深层压抑的愤怒，使人重获心灵的自由。 快乐鼠尾草：使人彻底放松，坦然接受人生路上必然遭遇的失落。

●•• 芳疗师小叮咛

★佛手柑与柠檬精油含有香豆素，使用后不宜曝晒于阳光下，否则容易造成黑色素沉淀。
★蓝胶尤加利较适合用于薰香，因为其较容易造成皮肤的刺激。
★鼠尾草为含酮量较高的精油，注意不可长时间高剂量使用。
★姜、丁香、蓝胶尤加利、百里香、罗勒、薄荷皆会对皮肤造成刺激，剂量不宜超过2%，婴幼儿、老人、身体较虚弱者也不宜使用。
★白千层会对皮肤造成刺激，且因提振效果强，不宜在睡前使用。

1. 躺姿，双脚屈膝离地。

2. 右脚翘二郎腿到左脚上，右脚脚背回勾到左脚脚踝上，双脚与地板平行。

3. 双手像伸懒腰一样拉到耳朵的两旁，吸气停留。

4. 吐气，双脚倒向左边，头转向右边，感觉每一个吐气全身肌肉更放松，停留一分钟左右，吸气，双脚回到正中央。

1 麻花脊柱旋转

难度指数： ★★★☆☆
训练肌肉强度区域： 斜方肌、臀大肌、肱三头肌
系统运作区域（精油按摩部位）： 颈、腋下、背部

结束了一天的工作，是不是感觉腰酸背痛、全身无力？这个动作可以帮助你舒缓背部疼痛，放松压力造成的劳累疲惫，更可以按摩腹部器官。一整天的疲惫借着每一个吐气，吐到九霄云外去！

5. 吐气，双脚再倒向右边。

错误示范

NG 肩颈不够放松，肩膀离开地面

2 双脚垂直指向天空

难度指数：★★☆☆☆
训练肌肉强度区域：腹横肌、臀大肌、股二头肌
系统运作区域（精油按摩部位）：颈部、背部

刚开始做这个动作时，若双脚无法伸直，可以先靠墙练习，慢慢再离开墙壁远一点，一直到可以完全与身体呈90°的位置停留。偷偷跟大家说，会有瘦肚肚的效果喔！更可以让你夜夜好眠。

1.平躺于地上。

2.吸气，右脚离开地面指向天花板。

3.吐气，腰贴满地之后再把左脚也指向天花板，双脚高举，使胃平躺，得到充分的休息，也可以完全地放松神经系统，腹部收紧。放轻松，停在双脚与身体垂直的位置大约20秒。

4.回复平躺姿势，整组动作重复五至六次。

✕ 错误示范 **NG** 拱腰

1. 双脚打开肩膀的两倍宽度，脚掌平行踩在地面上，双手向外延伸拉长。

2. 吸气，向右转。

3. 吐气，脊椎延伸拉长，左手扶右脚踝，右手向上延伸指向天空，视线看着你的右手。停留五至十个呼吸。

3 旋转大三角

难度指数：★★★☆☆
训练肌肉强度区域：阔背肌、腿后侧肌群
系统运作区域（精油按摩部位）：腋下、腰际、大腿

每一个人的柔软度不一样，抓不到脚踝，轻轻扶住膝盖也可以。重点是要让你的脊椎延伸拉长去感受扭转。不要为了抓脚踝，膝盖也弯曲了，变成乌龟姿势喔！

4.吸气，双手插腰，身体转回正面。

5.吐气，用卷的方式将身体卷起至站高站直的位置。重复动作换左边。

错误示范

NG 脚掌呈外八字　　　　**NG** 膝盖弯曲

4 脊椎前弯

难度指数：★☆☆☆☆
训练肌肉强度区域：腿后侧肌群、斜方肌、阔背肌
系统运作区域（精油按摩部位）：颈、背部

这个小小的动作可以完全伸展脊椎，舒缓神经系统，
稳定情绪，促进血液循环到头部及颈部。也可以舒缓
肩颈及脊椎的僵硬，好处多多喔！柔软度好的人可以
慢慢地将肚子贴近大腿的地方，做更深的伸展。

1. 双脚打开与肩同宽
   脚趾头朝向正前方。

2. 吸气，感觉把气吸饱，吐气，让脊椎一节节向下卷，像一条珍珠项链一样，颈椎、胸椎到腰椎一节节伸展，中途记得要
   呼吸，不要憋气。停在你下不去的地方，去感觉每一个吸气把气送往背部，每一个吐气让你更放松，慢慢加深前弯。

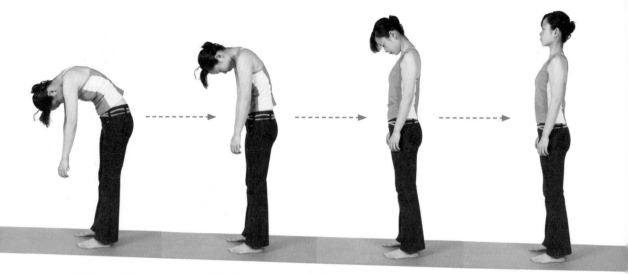

3.停留五到八个呼吸，吐气，身体一样用卷的方式，由下而上慢慢卷起来，恢复站姿。

错误示范

NG 颈椎没有放松　　　NG 耸肩、手弯曲

5 顶天立地

难度指数: ★★☆☆☆
训练肌肉强度区域: 腿后侧肌群
系统运作区域(精油按摩部位): 颈、膝盖窝、背部

可以帮助舒缓偏头痛、失眠及精神疲劳的症状,更可以促进血液循环到脑下垂体、松果腺及甲状腺等。也可以完全地伸展腿后侧肌肉,强健踝关节及腕关节,在舒缓疲劳的同时,也可帮助修饰腿部的线条呢!

错误示范

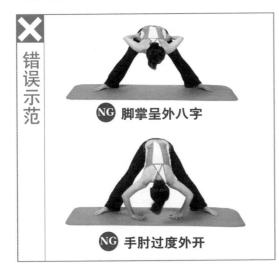

NG 脚掌呈外八字

NG 手肘过度外开

1.双手插腰,双脚平行打开约三倍的肩膀宽,吸气预备。

2.吐气,上身前弯,脊椎延伸拉长,双手放在两脚之间。伸展度好的人,可以把头放松在毛巾或地板上。停留十到十五个呼吸。

3.吸气,双手插腰。

4.吐气,再回到预备姿势。

6 脊椎旋转放松

难度指数： ★☆☆☆☆
训练肌肉强度区域： 三角肌、斜方肌
系统运作区域（精油按摩部位）： 颈、腋下、背部

髋关节要垂直于地板，转身的时候肩膀要放松，去感觉每一个吐气身体都更放松。藉由脊椎的扭转来达到纾缓及放松神经的效果，很适合累了一整天、需要深层放松的人喔！

1. 身体侧躺左边，双手交迭在胸前，腿屈膝在一起。

2. 吸气，右手拉高，指向天花板。

3. 吐气，把手放到右边的地板上，头跟着手一起带到右边，肩膀、颈椎放松，停在这里深吸深吐三个呼吸。吸气，预备。

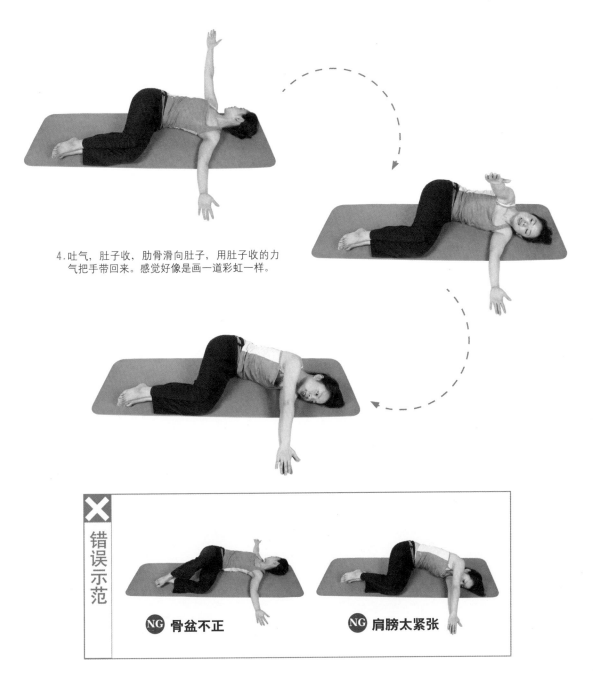

4.吐气，肚子收，肋骨滑向肚子，用肚子收的力
气把手带回来。感觉好像是画一道彩虹一样。

✕
错误示范

NG 骨盆不正   NG 肩膀太紧张

7 滚球放松

难度指数： ★★☆☆☆
训练肌肉强度区域： 腹横肌、腹直肌、腹内外斜肌
系统运作区域（精油按摩部位）： 颈部、背部

记得要把身体缩得小小的，把力量集中在一起，不要分散。吸气往后时，记住头不要着地。吐气时，感觉肚子收很多，用肚子的力量把身体拉回来。记住！不要用甩的方式。按摩脊椎的同时，也能放松一天的劳累和疲惫呢！

1.坐姿，双脚尖轻点在地上，双手轻扶在膝盖外侧，眼睛看着肚子，想象你是一颗球。

2.吸气，往后滚。

3. 吐气，核心收缩，把身体带回到预备姿势。保持骨盆的稳定，让下去和起来的位置是一样的。来回滚动五至八次。

错误示范

NG 身体和手脚离得太远   **NG** 头碰到地上

Thu 星期四
雕塑好身材：
肌肉骨骼系统香气提斯

本单元藉由肌肉骨骼系统香气提斯特殊设计的动作以及特别搭配的香氛精油使用，能够有效帮助学员肌肉骨骼系统运作提升。

美丽与健康是要付出代价的，这点是大家都知道的事情，但，代价也许比想象来得小……

肌肉骨骼系统不外乎就是针对我们的肌肉来做训练，我们会因为不良的姿势导致肌肉使用不当，慢慢地肌肉的力量就会变得不平均，常常会是一边比另一边还有力气。有时候你会发现你的腰一边会比另一边有曲线，或是你的腿左边比右边粗、躺在地上的时候会觉得好像躺不平一样，这都是肌肉力量不平均所造成的！

当你知道某一边的肌肉比较弱，练习的时候千万不可以只练弱的那边，我们还是要平衡地训练。肌肉们都是很聪明的，只要你用对方法，用对地方，就会还给你一个曼妙的曲线！

❓你有以下这些症状吗？

以下表格是帮你做肌肉骨骼系统体质的检测，想知道自己身体的状况，赶快拿起笔，做以下的小测验吧。

◎ 依自我情况检测，1分代表轻微、2分代表还算轻微，依此类推，5分程度最高。

	轻微	还算轻微	尚可	有点严重	严重
小腹突出、水桶腰	□1分	□2分	□3分	□4分	□5分
大腿松弛	□1分	□2分	□3分	□4分	□5分
蝴蝶袖（上臂赘肉）严重	□1分	□2分	□3分	□4分	□5分
小腿为严重"萝卜腿"	□1分	□2分	□3分	□4分	□5分
臀部松弛	□1分	□2分	□3分	□4分	□5分
胸部不够集中	□1分	□2分	□3分	□4分	□5分
对自己的曲线不满意	□1分	□2分	□3分	□4分	□5分
虎背熊腰（越来越老态）	□1分	□2分	□3分	□4分	□5分
生产后体型无法恢复	□1分	□2分	□3分	□4分	□5分
体重增加	□1分	□2分	□3分	□4分	□5分
觉得自己脖子粗	□1分	□2分	□3分	□4分	□5分
肌肉松弛、没弹性	□1分	□2分	□3分	□4分	□5分
全身看起来肉肉的	□1分	□2分	□3分	□4分	□5分
常常腰酸	□1分	□2分	□3分	□4分	□5分
肩颈僵硬	□1分	□2分	□3分	□4分	□5分
左右肩膀高度不同（面对镜子检查）	□1分	□2分	□3分	□4分	□5分
脊椎侧弯（请朋友帮忙检查）	□1分	□2分	□3分	□4分	□5分
驼背	□1分	□2分	□3分	□4分	□5分
脚部呈内八、外八字	□1分	□2分	□3分	□4分	□5分

自我评量表

本单元将针对肌肉骨骼系统方面的问题加以解决，读者可以按照书中的教学及附录的课表操作，并于每个月追踪。

◎检测日期
____ 年 ____月 ____ 日
发现自己有____种状况
总分为 ____ 分

◎课程进行一个月后
____ 年 ____月 ____ 日
发现自己有____种状况
总分为 ____ 分

◎课程进行三个月后
____ 年 ____月 ____ 日
发现自己有____种状况
总分为 ____ 分

香气提斯医学知识万花筒

✳ 为什么运动能帮助骨骼健康?

因为当骨骼所承受的负荷强度密度达到某个程度时，骨骼细胞便会集中到那些负荷较沉重的范围，经过若干反应后便强化了骨骼。若骨骼长期处于负荷不足的状况，它的强度便会日渐减弱，而运动是增加身体负荷、增强骨质极有效率的方法。例如，航天员长期在无重状态下生活，骨骼没有承受负荷，没有刺激骨质细胞生长，骨质流失会异常快速。

✳ 帮助骨骼健康的饮食建议

1. 避免蛋白质过量：摄取过量蛋白质会加速钙质流失。

2. 减少吃重咸食物：高盐食物会加速体内水分流失，令钙质比平常流失得多，增加患骨质疏松症的机率。

3. 维他命C有助钙吸收：每天进食水果，包括高维他命C的橙、木瓜、芒果、草莓、奇异果，以及蔬菜，如西兰花、西红柿、芥兰、白菜或菜心等，有助于钙质吸收。

4. 吸收维他命D：维他命D有助于增强人体吸收钙质的能力，每天晒15分钟太阳，有助于体内维他命D的合成。

5. 摄取足够钙质：奶类制品、豆类等都含有丰富的钙质。

6. 均衡饮食：五谷为主，配以适量蔬菜、水果、奶类、肉类及豆类，能预防骨质疏松及其它和饮食有关的疾病。

✳ 保持身材的饮食建议

香气提斯能够修饰我们的线条，拉长、延展四肢肌肉，消耗热量，另外在饮食上的控制是绝对必要的！因此，保持身材的饮食要件如下：

1. "节食"是首要条件：也就是节制食物热量。基本原则也就是控制摄取的热量低于身体基本及运动消耗的热量总和，而达到"热量入不敷出"而"燃烧身体储藏脂肪"的目的。

2. 低热量的均衡饮食：营养均衡是一定要的喔！低热量是指每天摄入的热量约一千至一千两百卡。

3. 每天三餐或少量多餐皆可，但绝对不可一天只吃一餐（否则身体基础代谢会降低）。

4. 不吃宵夜。

5. 不吃肥肉、油炸食物。

6. 尽量少吃炒饭、炒面等食物。

7. 甜点限量，禁零食和快餐。

8. 崇拜纤维食物：蔬果是食物纤维的最重要来源，它没有热量，具饱腹感，是很有效又安全的减肥食物；且可促进肠胃蠕动，减少有毒物质之侵害。

另外，持续地进行香气提斯。香气提斯可以加速热量的消耗，若能与饮食双管齐下，效果将加倍。

香气选择

✳ 肌肉骨骼系统

精油在肌肉骨骼系统的主要功能：增加肌肉的柔软度、促进乳酸代谢功能、舒缓运动后的疲劳。

★增加肌肉的柔软度：澳洲尤加利、姜、柠檬香茅、桔、松针、迷迭香、黑胡椒
★进乳酸代谢功能：永久花、杜松、柠檬、松红莓、葡萄柚
★舒缓运动后的疲劳：罗马洋甘菊、天竺葵、茉莉、纯正熏衣草、柠檬香茅、山鸡椒、檀香、西洋蓍草、马郁兰、迷迭香

	香气选择1	香气选择2
适合对象	适合喜欢花草香气或肌肉关节酸痛的人。主要针对加强运动前的肌肉柔软度及运动后肌肉疲劳的恢复，并可排除运动时堆积的乳酸。不但如此，此配方对于运动伤害有快速的修复功能，对于关节炎或风湿痛也有舒缓止痛的功能。	适合喜欢中性香气或肌肉僵硬有旧伤的人。主要针对加强运动前的肌肉柔软度及运动后肌肉疲劳的恢复，对于肌肉拉扭伤与肩颈僵硬、腰痛也有舒缓止痛的功能。适合长期肌肉僵硬，酸痛或外出运动、爬山健行时使用。
配方	永久花 / 松针 / 纯正熏衣草	马郁兰 / 黑胡椒 / 西洋蓍草
配方说明	这三种精油对有运动习惯者及中老年的肌肉骨骼有保护及修复的功能。这组配方的香味带有清新的木质与花草香，给人怡然自得的舒服感。	这组配方的香味带有明显的山林气息，使人心灵沉静、安宁。
心理层面	适合习惯性隐藏甚至是下意识否认情绪伤害的人。这样的人无法融入他人，个性保守僵硬，无法发挥内在天赋，对他人的软弱无助，感到不屑与轻视。这个配方可帮助这样的人试着去回忆过去的伤痛，并愿意安慰、接纳自己受伤的心灵，进而可以去爱其他人。	适合感到孤单，不受人欢迎，深感愤怒与挫败的人，不愿承认内心对爱的需要，习惯采取冰冷无情的姿态对待他人，并用攻击作为保护，反而更将自己推入孤立的境地。这个配方可使这样的人感到被安慰，被体恤，可勇敢承认自己孤单与无助，使自己沐浴在爱的氛围中。
内在调理	饮用200mL水 + 迷迭香、薄荷纯露共3mL	
熏香精油选择	松针：认定自我价值，不允许负面声音摧残心灵净土。澳洲尤加利：不再因恐惧、过度拘谨而限制自己，愿意敞开心胸。	欧洲赤松：驱离无谓的自疚与亏欠，学习接纳不完美的自己。马郁兰：平抚过度任性的情绪与需求，使心安静下来。

● 芳疗师小叮咛

★姜具红皮效果，使用时宜低剂量。
★黑胡椒与柠檬香茅、柠檬、松红莓较刺激皮肤，敏感性肤质需斟酌使用。
★柠檬、葡萄柚含有香豆素，使用完后不宜曝晒于阳光下，否则容易造成黑色素沉淀。
★马郁兰精油可能使人感情麻木，不宜长时间使用。

1 再见 "拜拜袖"

1. 趴姿，额头轻轻点地，双手轻轻扶在臀部上，核心有力，屁股收紧。

难度指数： ★★☆☆☆
训练肌肉强度区域： 肱三头肌、臀大肌、斜方肌
系统运作区域（精油按摩部位）： 颈、腋下、肘窝、上手臂

趴姿动作的时候，记得肚子要收得紧紧的，好像肚子下面有一个安全气囊一样，臀部别忘了一样收得紧紧的，双脚向后延伸拉长。这是一招雕塑手臂很好的动作，除了可以甩掉"拜拜袖"，臀部及大腿后侧肌肉同时也会雕塑到呢！

2. 吸气，肩胛内夹。

4. 吐气，慢慢滑回预备位置。回来的时候全身别松掉。连续重复五次。

3. 吐气，肩胛向后滑，把上半身带起来。吸气停留。

错误示范

❌

NG 起身时脖子也跟着抬起来　　NG 双脚飞起来

2 大象不见了

难度指数： ★★★☆☆
训练肌肉强度区域： 股四头肌群、内收肌群
系统运作区域（精油按摩部位）： 大腿内侧、大腿外侧、膝盖窝

脚踝中间夹毛巾或小球，可以帮助腿部内侧收缩；当我们把脚延伸拉起来的时候；却是雕塑腿部外侧的肌肉，当我们把手拉向天空做平衡的时候，全身的深层肌肉就完完全全地被唤醒了呢！

1. 侧躺呈一直线，左手在左耳下面当枕头，眼睛直视前方，双脚中间夹卷毛巾，感觉双脚向下延伸拉长，吸气时两脚一起延伸预备。

2. 吐气时，双脚好像绑上气球一样抬起来，停在上面吸口气。

3.吐气，慢慢回到预备姿势。重复五至八次。

4.最后一次时，轻轻将右手拉高指向天空，停留10
　秒左右。

5.吸气，右手轻轻下来扶回地板，吐气，再把脚放回
　预备姿势。换边重复一样的动作。重复五至八次。

3拒做大腹婆

难度指数： ★★☆☆☆
训练肌肉强度区域： 腹部核心肌群
系统运作区域（精油按摩部位）： 腹部、背部

这是一个训练腹部深层肌肉的很好的动作，当你往后卷时，会发现肚子在颤动，这表示已经沉睡已久的深层肌肉准备要运动了。记得随时把肩膀往下往后带，不要为了动作要狠下去，就把背拱得和乌龟一样。

1. 坐姿，双脚屈膝踩地，脚趾头指向前方，膝盖间好像夹了一颗小球一样。吸气，脊椎延伸。

2. 吐气，腹部收缩带动身体往后卷。尾骨记得先向后卷一下，好像后面是一张躺椅一样，脊椎弯曲得圆圆的，好像是抛物线的弧度一样。停留三个呼吸。

3. 吐气，核心收缩，用腹部收的力量把上半身拉回来。重复五到八次。

错误示范

NG 拱背

NG 耸肩

NG 尾骨没卷，脊椎直直的

4 全面性雕塑

1. 四足跪姿，尾骨卷进来，肩膀打开，让整个上半身像一个平坦的桌面一样。脚趾头平均踩在地板上，吸气预备。

2. 吐气，双手往下推，膝盖轻轻离开地面三公分，颈椎向前延伸，好像是头上绑着冲天炮一样。停在这里五个呼吸。

3. 吐气，慢慢回复预备动作。

难度指数：★★★☆☆
训练肌肉强度区域：肱三头肌、腹横肌、臀大肌、股四头肌
系统运作区域（精油按摩部位）：膝盖窝、大腿内侧、手臂

四足跪姿注意的地方，手和脚的位置都会是在关节的正下方，宽度也都是和肩膀一样宽。要注意手肘的关节朝外，这样才能够正确训练手臂的肌肉，也才不会造成手腕的负担。

❌ 错误示范

NG 臀部推太高

NG 腹部没收紧，腰往下陷

NG 手肘关节内转

5 飞鱼美背式

难度指数：★★★☆☆
训练肌肉强度区域：肱三头肌、斜方肌、大圆肌、臀大肌
系统运作区域（精油按摩部位）：肩、颈、背部、膝盖窝

记住，起来的时候腹部和臀部的肌肉要收得紧紧的，不要让腰椎有负担。手臂向后拉，有种要把胸打开的感觉一样，颈椎微微地向上拉高，可以强健甲状腺和副甲状腺，完全地训练到背部、大腿及手臂的肌肉，更可以美化颈部的线条。

1. 趴姿，额头轻轻贴在地面上，双脚并拢，脚背朝下，手臂贴紧身体，手心朝上，吸气预备。

2. 吐气，同时把头、胸及腿抬高，手臂及双腿向后延伸拉长，好像飞起来的感觉一样。停留三至五个呼吸。

3. 吸气预备，吐气，有控制地回到预备姿势。

✕ 错误示范

NG 脖子变短

NG 腹部没收紧，腰往下陷

NG 头低低地看向地面

6 天鹅美背式

难度指数：★★★★★
训练肌肉强度区域：斜方肌、阔背肌、肱二头肌、肱三头肌、臀大肌、腹部核心肌
系统运作区域（精油按摩部位）：肩、颈、背部、膝盖窝、手臂

感觉把高举的脚一直往天空踢高，肩膀、脖子记得要放松。每一个吸气感觉你的脊椎更延伸，每一个吐气感觉你可以向天鹅一样，再把脚往高处延伸，背部、臀部的线条就在这时候悄悄变美了。

错误示范

NG 肩膀太紧绷

NG 脖子变短

1. 趴姿，右脚弯曲，右手抓住右脚外侧，左手向前延伸，吸气预备。

2. 吐气，右脚往后、往上踢高，让大腿离开地板，左手往前方延伸离开地板，左脚延伸离开地面，停在这里三至五个呼吸。

3. 吸气停留，吐气慢慢放下手脚。换边再做重复的动作。

7 侧三角伸展

难度指数： ★★★☆☆
训练肌肉强度区域： 腿后侧肌群、腹外斜肌、髂腰肌
系统运作区域（精油按摩部位）： 腋下、大腿外侧、肩部、腰际、腹部

做动作时，要根据自己的柔软度来决定手要放的位置。重点还是让膝盖是打直的，确认身体已经稳定了，再慢慢把头转看上方的手，把胸打开来。它不仅可以雕塑到腰部、臀部、腿部，及手臂的线条，更可以缓和工作上的压力及减缓腰痛的发生。

1. 站姿，双脚打开两倍肩膀宽，右脚踩九十度，左脚踩45°，骨盆朝向正面，双手向两旁延伸拉长。

2. 吸气，身体向右边延伸。

3. 吐气时身体向右边侧弯，右手放在摸得到右脚的位置，左手像把左胸展开一样向天空的方向伸直，手掌朝向正前方，眼睛看左手，下巴微收，停在这里五个深呼吸。每一个吸气让你的脊椎进一步延伸，每一个吐气让你的胸打得更开。

4. 吸气，核心稳定，将身体拉回预备位置。换边重复相同的动作。

错误示范

NG 膝盖弯曲　　　　NG 身体向前倾　　　　NG 骨盆不正

Fri 星期五
安抚好气色：
生殖内分泌系统香气提斯

本单元所设计的动作以及特殊设计使用的精油，能帮助女性朋友解决生理期腹痛、腰酸背痛、血液循环不良及心情不稳定的状况，甚至能利用经期丰胸。

你知道吗？对女性而言，生殖系统最主要有两个方面的保健，一是骨盆底肌群训练，二是生理期调适。

当骨盆底肌群没力的时候，最容易发生尿失禁的尴尬情形，孕妇们也是最需要训练骨盆底肌群来帮助生产，所以，训练这部分肌肉，对女性而言，是很重要的事情！

今天让我们一起来找出你的骨盆底肌群的位置和大小吧！

1. 拿一张大于A4的纸坐在屁股下。

2. 首先在尾骨的正下方（目测）做记号。

3. 再来找到你两个坐骨的位置（就是屁股坐到A4纸的两点骨头），也各做记号。

4. 把纸拿离开屁股，再把三个点连成三角形，这一个范围都是你的骨盆底肌群。

是不是比你想象的大很多呢？

另外，每次生理期来，你总是心神不宁吗？

人体是个精密的仪器，它会自己调整，但有时候却不尽人意！

持续地进行香气提斯，能够有效减缓女生在生理期身体不适的症状。

你有以下这些症状吗？

以下表格是帮你做生殖内分泌系统体质的检测，想知道自己身体的状况，赶快拿起笔，做以下的小测验吧。

◎ 依自我情况检测，1分代表轻微、2分代表还算轻微，依此类推，5分程度最高。

	轻微	还算轻微	尚可	有点严重	严重
经期来时容易腹部、腰部疼痛	□1分	□2分	□3分	□4分	□5分
生理周期不稳定	□1分	□2分	□3分	□4分	□5分
经期来时情绪不稳定	□1分	□2分	□3分	□4分	□5分
痛经越来越严重	□1分	□2分	□3分	□4分	□5分
经血量忽多忽少	□1分	□2分	□3分	□4分	□5分
经期来时情绪敏感、易怒	□1分	□2分	□3分	□4分	□5分

自我评量表

本单元将针对生殖内分泌系统方面的问题加以解决，读者可以按照书中的教学及附录的课表操作，并于每个月追踪。

◎检测日期
____ 年 ____月 ____ 日
发现自己有____种状况
总分为 ____ 分

◎课程进行一个月后
____ 年 ____月 ____ 日
发现自己有____种状况
总分为 ____ 分

◎课程进行三个月后
____ 年 ____月 ____ 日
发现自己有____种状况
总分为 ____ 分

香气提斯医学知识万花筒

✳ 生理期前一周的饮食禁忌

女性在月经来之前，由于黄体素的变化，"经前症候群"便开始作祟，而且症状十分多样，可能有感冒、头痛、胸部胀痛、下腹闷胀痛、便秘、腹泻、情绪暴躁不稳定、沮丧焦虑、注意力不集中、容易感到疲倦、腰酸、水肿、失眠、火气大、冒痘痘、食量大增，等等各种状况，有的人可能只出现一种或更多的症状。大多数女性在经前一周才开始出现不适，等到月经一来症状就消失了，也有些女性会在排卵日及月经来前几天都感到不适。

女性的经期保养是需要经常性的，而不是经期前后敷衍了事，这样才能调整好体质，减轻月经异常症状，在月经前约一周的时间，有一些饮食禁忌要特别注意：

1. 不要碰含咖啡因的饮料：咖啡因容易引起水分滞留，使得乳房胀痛、腰酸，引起焦虑、易怒与情绪不稳，同时会消耗体内储存的维他命B，破坏新陈代谢。

2. 不碰烟、酒：烟酒会消耗体内的维他命B与矿物质，过多的酒精还会破坏碳水化合物的新陈代谢及产生过多的动情激素，让皮肤黯沈无光采。

3. 不碰高盐、高钠食物：高钠食物容易造成水分滞留，所以饮食上要以清淡为主，多选择易消化、营养充分的食物。可多吃豆类、鱼类等高蛋白食物，并增加绿叶蔬菜、水果，以保持排便顺畅，减少骨盆充血。

4. 不碰辛辣、冷食：辛辣、生冷的食物有刺激性，尤其是许多女生喜欢吃冰、喝冷饮，这些都容易引起盆腔血管收缩而导致经血量过少甚至突然停止。

5. 饮水原则：饮水应该慢慢喝，可多喝点温牛奶，以改善腰酸、水肿的现象。

✳ 生理不顺精油按摩

舒缓生理期疼痛，可使用本系统建议之精油配方，以3%的浓度调和基础油，自己进行15分钟轻柔的下腹部按摩，完成后以热毛巾敷十分钟，效果更佳。若能以建议之精油配方进行每周一次的全身按摩，则能够调整月经周期。

香气选择

✳ 生殖系统

精油在生殖系统的主要功能：平衡荷尔蒙、改善经前症候。

★平衡荷尔蒙：纯正熏衣草、香蜂草、橙花、玫瑰、檀香、牛膝草、快乐鼠尾草、天竺葵、西洋蓍草、岩兰草
★改善经前症候：纯正熏衣草、香蜂草、快乐鼠尾草、牛膝草、杜松、绿花白千层、玫瑰、岩兰草、丝柏、橙花、檀香、马郁兰、迷迭香、葡萄柚、罗马洋甘菊、德国洋甘菊、摩洛哥玫瑰、苦橙叶、花梨木、佛手柑、桔、茉莉、依兰、甜茴香

	香气选择1	香气选择2
适合对象	主要针对生殖系统的调理，具有调经及改善经前症候的功能。	主要针对对性生活感到麻痹、没有兴致的人。
配方	快乐鼠尾草／甜茴香／天竺葵	玫瑰／广藿香／豆蔻
配方说明	味道上比较甜美、略带青草香。喜欢这个组合的朋友大多是单身的上班族，也有少部分的已婚妇女也很喜欢。	香气柔美中带着些许神秘刺激的辛香调。喜欢这个组合的朋友大多是忙碌的已婚妇女，有少部分的家庭主妇也很喜欢。
心理层面	无论是因为什么事而意志消沈，情绪混乱，无法理出头绪，不知如何继续走下去时，这组精油可以帮助你运用洞察力，收拾并简化多余的思虑，重拾清朗的思绪，并将累积已久的情感，自在无惧地向他人表达出来。	当过多的思虑与担忧充斥内心时，无法自由与原始的感官知觉连结，长期下来，会渐渐丧失对生命的热情。这组精油可浇熄过度的担忧之火，暂停过多的思虑，使人感受内心基本的渴望与感官能力，进而享受单纯美好的生活情趣。
内在调理	饮用200mL水 + 玫瑰、天竺葵纯露共3mL 饮用200mL水 + 玫瑰、橙花纯露共3mL	
薰香精油选择	天竺葵：允许自己适度放开，愿意以纯然的感官感受生活的美好。 玫瑰草：抚平不安与恐惧，懂得放开束缚。	广藿香：缓和焦虑，丰富想象力。 桔：放松进而接纳，享受那种因为放手而得来不易的平静。

•• 芳疗师小叮咛

★生理期若有任何不明原因的疼痛或大出血症状，请务必先就医治疗。
★佛手柑精油含有香豆素，使用后不宜曝晒于阳光下，否则容易造成黑色素沉淀。
★鼠尾草、牛膝草为含酮量较高的精油，注意不可长时间高剂量使用。
★姜、黑胡椒、丁香、甜茴香皆会对皮肤造成刺激，剂量不宜超过2%，且甜茴香会引发痉挛，故癫痫患者不宜使用。
★依兰剂量使用要注意，过高会造成恶心头晕的情形。

1 盖印章训练（骨盆底肌群训练）

难度指数：★☆☆☆☆
训练肌肉强度区域：骨盆底肌群
系统运作区域（精油按摩部位）：大腿内侧

刚开始抓不到骨盆底活动的感觉，会变成肚子胀大又缩小。抓不到感觉的人可以站起来，先故意把臀部翘起来，再慢慢把臀部卷回到正常的位置，感觉到了吗？这就是在活动骨盆。躺下来再试试看，应该很容易就可以抓到感觉了。这一个小小的动作，却可以大大地改善女性们尿频及尿失禁的困扰，因为在骨盆一来一回中，骨盆底的肌肉就被训练到了呢！注意，全程动作里，骨盆底的肌肉都要收得紧紧的才有效果！是一个适合准妈妈们的运动呢！

1. 躺姿，双脚屈膝，脚趾头朝向正前方，在两腿间夹住毛巾帮助肌肉收缩，双手呈三角型放在耻骨的上方，想象你放了一杯水在两手掌间，这时候腰下方应该会有一个脊椎正常的曲线。吸气预备。

2. 吐气，好像盖印章一样，轻轻地把腰下方的洞洞填满，想象你手中那杯水的水位是朝着你的方向倾斜。

3. 吸气，轻轻把骨盆放回到自然的曲线。重复此动作十至十五个呼吸。

错误示范

NG **过度用力，臀部抬起**

NG **肋骨凸出**

2 蝴蝶休息式

难度指数： ★☆☆☆☆
训练肌肉强度区域：内收肌群、髂腰肌、鼠蹊部
系统运作区域（精油按摩部位）：腹部、大腿内侧、腋下、肩颈

感觉肋骨收到身体里面，每一个吐气让自己更放松，这个动作不但可以减轻子宫、生殖器的不适，对于月经、性器官失调也是很有帮助的。

1.躺姿，将脚底靠脚底，尽量让脚跟靠近臀部，好像是蝴蝶的翅膀一样。

2.吸气，双手往后拉到耳朵两边。

3.吐气时手肘互抓。停留在此十至十五个呼吸。

4.吸气的时候，双手去扶膝盖。

5.吐气时，手帮忙慢慢将大腿收回来，重复相同的
　步骤三至五次。

错误示范

❌

NG 肋骨凸出　　　　NG 压迫颈椎

3 婴儿式伸展

难度指数：★☆☆☆☆
训练肌肉强度区域：阔背肌
系统运作区域（精油按摩部位）：腹部、腋下、背部

这是一个随时都可以伸展放松的动作，不但可以令压力引起的疲劳及精神紧张得到舒缓，更可以改善内分泌系统失调及月经失调。

1.跪姿，臀部坐在小腿上，吸气预备。

2.吐气，上身向前延伸，将前胸放于两腿之间，额头轻轻点在地面上，双手向前延伸并且放松。停在这里深吸深吐，停留十五至二十个呼吸。

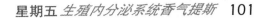

3.吸气预备，吐气，慢慢卷起来回到坐姿。

错误示范

NG 肩膀过度僵硬

1.跪立在地面上。

2.右脚踩一大步到右侧,与身体成一直线。

4 跪姿侧三角伸展

难度指数: ★★★☆☆
训练肌肉强度区域: 腹外斜肌
系统运作区域(精油按摩部位): 腹部、腋下、腰际、大腿内侧

你会发现这个动作最有感觉的地方是在整个侧腰部,但是其实又间接地按摩了消化系统及泌尿生殖系统。记得做此动作的时候,肚子和骨盆底的肌肉都是收缩的!另外,此动作的瘦腰效果也是一级棒呢!

3.双手向外延伸拉长。

4.吸气，脊椎延伸，吐气，右手滑向右小腿，左手向天空的方向拉高到贴住左耳，停留，深吸深吐，停留五至八个呼吸。

5.吸气，核心用力，左手拉回。

6.吐气，回复预备姿势。做完右边，记得左边也要做。

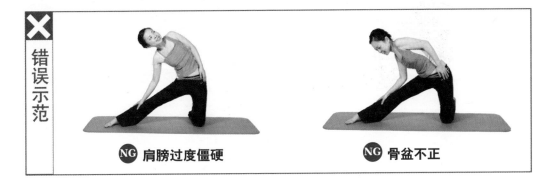

错误示范

NG 肩膀过度僵硬　　　　　**NG** 骨盆不正

5骨盆卷起

难度指数：★★☆☆☆
训练肌肉强度区域：核心肌群、臀大肌、鼠蹊部
系统运作区域（精油按摩部位）：大腿内侧、膝盖窝

可以把脊椎构造放在脑中，当你做动作时，可以清楚地感觉脊椎一节节地卷动。做动作时，双腿还是轻轻往内夹，别让双腿中的毛巾掉下来。这对于准妈妈来说是很好的垫上运动，更可以让妈妈们生产更顺利呢！

1.躺姿，双腿屈膝，脚趾头朝向正前方，在两腿间夹住毛巾帮助肌肉收缩，双手放在身体两侧延伸。

2. 吸气预备，吐气时感觉腰椎向盖印章一样轻轻贴住地面，骨盘自然卷离地面，脊椎好像一条珍珠项链一样，一节节地向上卷起。

错误示范

NG 胸椎过度前推

NG 卷下来时，臀部先着地

3.停在上方吸口气，吐气，脊椎在一节节地由上往下卷下来，感觉从你的胸椎、腰椎慢慢地到腰贴地，最后才是臀部着地，此时腰下方的脊椎曲线会自然产生。重复此动作五至十次。

6 鱼式

难度指数：★★★★☆
训练肌肉强度区域： 核心肌群、臀大肌
系统运作区域（精油按摩部位）： 大腿内侧、肩、颈、腹部

此动作不但可以促进排泄功能，按摩甲状腺和副甲状腺，更可以增加骨盆区的灵活性，改善经期的不顺！当你把脚抬离地面的时候，不要忘了把骨盆底肌群紧紧收起来并往上提。

1．平躺，双脚并拢伸直，感觉从髋部有股往内收的力量，双手手心朝下置于身体两侧。

2．手肘可以往地面上推，帮助扩胸。

3．吸气预备，吐气，肩胛内夹帮忙，拱背，把胸部推离地面。

4．慢慢再将头顶碰地，打开喉咙和颈部。

错误示范

NG 颈椎过度前推　　　　**NG** 肋骨突出

5.吸气，双手伸直指向斜前方，双腿屈膝90°，离开地板，停住五个呼吸。

6.吸气预备，吐气再慢慢回到平躺姿势。

7 坐椅延伸

难度指数：★★★☆☆
训练肌肉强度区域：臀大肌、股四头肌
系统运作区域（精油按摩部位）：腹部、肩、颈、大腿内侧、腋下

虽然两个呼吸就耗费身体很大的力气，但此动作除了可以改善我们的膀胱、子宫及卵巢的不适，更可以雕塑四肢呢！

1.站姿，脊椎向天空延伸，尾骨微卷。

2.吸气，双手从两旁画大圈圈。

3.双手举到耳朵两旁，手心对手心，肩膀下压。

4.吐气的时候，屈膝往下蹲。

5.身体向斜前方延伸拉长，一直到两大腿平行到地面，腹部收紧，保持背部的延伸。停在这里深吸深吐五个呼吸。

6.吸气，回到站姿。

7.吐气，手延伸画大圈，带回到身体两侧，重复三至五次。

错误示范

NG 耸肩

NG 驼背

Sat 星期六
顺气好通畅：
消化系统香气提斯

本单元藉由进行消化系统香气提斯的运动及配合的精油，达到舒缓并健全消化系统的目的。

是不是常常食欲不振？不常吃早餐吗？晚餐是三餐里面吃最多的？常常一紧张肚子就不舒服？你有没有发现，压力大的时候，食欲都不是很好？

长期处在压力之下，会促使交感神经过量活动，导致胃酸分泌过多，肠胃不舒服，长期如此会引起胃溃疡！

这是一种文明病，也是一种无法避免的工作后遗症！

然而消化系统健康与否，与我们的全身健康甚至是情绪，有着很大的关系！有了健康的消化系统，我们摄取的营养才能被完全地吸收，也意味着我们的情绪在压力的冲击下，有很好的平衡！

你有以下这些症状吗？

以下表格是帮你做消化系统体质的检测，想知道自己身体的状况，赶快拿起笔，做以下的小测验吧。

◎ 依自我情况检测，1分代表轻微、2分代表还算轻微，依此类推，5分程度最高。

	轻微	还算轻微	尚可	有点严重	严重
容易拉肚子	□1分	□2分	□3分	□4分	□5分
容易腹部疼痛	□1分	□2分	□3分	□4分	□5分
容易便秘	□1分	□2分	□3分	□4分	□5分
喜欢吃冰	□1分	□2分	□3分	□4分	□5分
吃东西口味很重	□1分	□2分	□3分	□4分	□5分
常吃甜食	□1分	□2分	□3分	□4分	□5分
不常吃甚至讨厌吃蔬菜	□1分	□2分	□3分	□4分	□5分
吃很多还是很瘦	□1分	□2分	□3分	□4分	□5分
爱吃肉	□1分	□2分	□3分	□4分	□5分
常常外食	□1分	□2分	□3分	□4分	□5分

自我评量表

本单元将针对消化系统方面的问题加以解决，读者可以按照书中的教学及附录的课表操作，并于每个月追踪。

◎检测日期
＿＿ 年 ＿＿月 ＿＿ 日
发现自己有＿＿种状况
总分为 ＿＿ 分

◎课程进行个个月后
＿＿ 年 ＿＿月 ＿＿ 日
发现自己有＿＿种状况
总分为 ＿＿ 分

◎课程进行三个月后
＿＿ 年 ＿＿月 ＿＿ 日
发现自己有＿＿种状况
总分为 ＿＿ 分

香气提斯医学知识万花筒

✳ 消化系统的功能

1. 摄入食物。

2. 吸收这些养分分子。

3. 排除未能消化的废物。

消化，可说是人生最美好的一件事情，光是想到还没吃进嘴巴里的美食光景，就让人口水直流了！

就是因为它牵扯到许多饮食的问题，因此对我们至关重要。有些人吃得多，有些人吃得少，但这往往跟身体健康与否关系不大。

进行香气提斯的过程中，身体会抑制胃酸分泌和胃的蠕动，但是经过一段时间之后，胃酸的分泌与胃蠕动的能力均会超过正常值。香气提斯能适当刺激消化系统的紧张和放松，帮助胃酸分泌并增强胃蠕动的能力，让消化机能活络起来，而改善营养摄取及代谢。

✳ 腹腔的专属SPA

上这门课的过程中，老是会放屁，很尴尬的！怎么会这样呢？

这是香气提斯的运动及精油的作用，带动了肠子较大的蠕动现象，帮腹腔做了SPA呢！千万不要觉得不好意思喔！

另外，今天大部分的动作针对身体的前转、后转，很明显的就是借着转动身躯来按摩我们的消化系统及内脏，同时间，你应该也会觉得整个背部得到了充分的伸展吧！

现在大多数的人几乎都是外食族，普遍的纤维摄取量不足，便秘、胃胀气、胃溃疡等消化系统的毛病，对大多数人来说应该是家常便饭的事了。除了靠运动来改善消化系统的问题之外，精油对消化系统的帮助也是很明显的喔！

香气选择

✳ 消化系统

精油在消化系统的主要功能：帮助消除消化不良（包括胀气）、消化系统的保养。

★帮助消除消化不良（包括胀气）：罗勒、甜茴、纯正熏衣草、香蜂草、快乐鼠尾草、杜松、西洋蓍草、桔、罗马洋甘菊、佛手柑、迷迭香、马郁兰、葡萄柚、姜、薄荷、豆蔻、芫荽、绿薄荷、甜橙

★消化系统的保养：玫瑰、杜松、柠檬、橙花、罗马洋甘菊、佛手柑、马郁兰、葡萄柚、甜茴香、西洋蓍草、丁香、姜、黑胡椒、薄荷、桔、苦橙叶、蔻、芫荽、玫瑰草、甜橙、胡萝卜籽

	香气选择1	香气选择2
适合对象	喜欢沁凉香气以及容易腹部胀气、消化不良的人。	经常熬夜、脸色暗黄、肠胃老是有状况的人。
配方	薄荷／桔／芫荽	胡萝卜籽／莱姆／姜
配方说明	主要针对消化系统胀气、消化不良的问题，因此都是以促进消化、改善胀气的精油为主，味道上带点酸甜。	主要是用来保养消化系统，尤其是肝脏机能。味道香甜却又略带辛辣。
心理层面	习惯随性生活的人，因为失去了稳定或安全感而导致自己无法再接受新事物，生活变得闷闷不乐时，这组精油会使人感到来自体内的一股安全稳当的力量，于是沉睡已久的创意活力、源源不绝的新灵感、点子再度丰富了生活。	当你明明已有很清楚的计划却因为无法信任自己的能力以及太依赖他人的激励而迟迟没有付诸行动时，这组精油会帮助你寻得内心的平静之所、找到积极进取的态度，坚定自己的信念，驱策自己实践计划，期待享受丰收的日子。
内在调理	\<center\>饮用200mL水 ＋ 橙花、薄荷纯露共3mL\<br\>饮用200mL水 ＋ 香蜂草、熏衣草纯露共3mL\</center\>	
薰香精油选择	芫荽：带来情感上的安全感与稳定性。\<br\>迷迭香：脑筋清晰、活络原本堵塞许久的思绪。	莱姆：给纷乱的内心提供安静的空间。\<br\>薰衣草：勇于踏出害怕失败或其它令人尴尬的感受，尝试自我实现。

··芳疗师小叮咛

★消化系统若有任何不明原因的疼痛，请务必先就医治疗，另外使用精油前一定要询问专业的芳疗师。

★佛手柑精油含有香豆素，使用后不宜曝晒于阳光下，否则容易造成黑色素沉淀。

★姜、黑胡椒、丁香、甜茴香、罗勒、豆蔻会对皮肤造成刺激，剂量不宜超过2%，且甜茴香会引发痉挛，故癫痫患者不宜使用。

1大猫伸展

难度指数： ★★★☆☆
训练肌肉强度区域： 腹外斜肌
系统运作区域（精油按摩部位）： 肩、颈、腹部、腋下、大腿

你知道吗？上半身大幅度地扭转，可以让背部得到舒缓，达到按摩背部的效果，也可以增加脊椎的柔软度，扭转也可以针对胃、肝脏、肾脏及胰脏做按摩，并且可以促进肠胃蠕动。

1.四足跪姿。

2.右脚平行向外踩一大步，脚趾头朝向正前方，吸气。

3.身体向右转，将左肩膀安全着地后，左手抓住右脚，右手向天空延伸，停留深吸深吐十到十五个呼吸。抓不到脚踝的人，可以抓小腿或是膝盖，不要勉强。

4.吸气，把右手收回来，扶住地面。

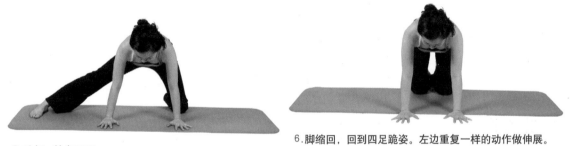

5.吐气，转身回正。

6.脚缩回，回到四足跪姿。左边重复一样的动作做伸展。

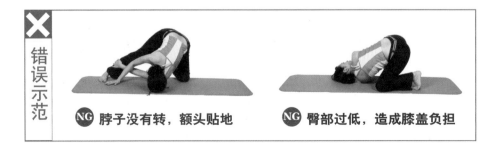

错误示范

NG 脖子没有转，额头贴地

NG 臀部过低，造成膝盖负担

2 海盗船式

难度指数：★★★★☆
训练肌肉强度区域：阔背肌、臀大肌、腿后侧肌群
系统运作区域（精油按摩部位）：肩、腹部、背部

如果觉得这一个动作对你来讲太辛苦了，可以试试看把手肘弯弯的也是可以的，慢慢来。等紧绷的背部得到舒缓，你就会觉得好多了，但是记得，永远要把肚子收紧，肩胛要向屁股的方向下滑，感觉身体就像是海盗船一样前后滑动，头和颈部的距离是不会改变的，脚和身体不用很离地面很高，重要的是全身延伸的感觉。

1.趴姿，双脚并拢，额头轻点地，双手扶在胸部两边，手肘往内夹回来，吸气预备。

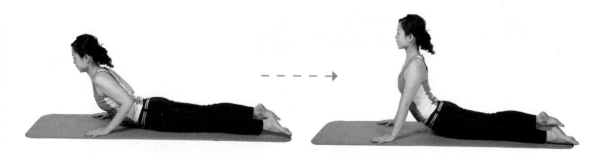

2.吐气，双手往下推，将身体慢慢带起来，感觉肩膀往下往后滑向臀部，颈椎向上延伸拉长，好像是把灯笼提起来的感觉一样，轻轻地拎起来。

3.吸气，手肘弯曲，降低身体的高度，颈部的位置不变。腿顺势抬起。

4.吐气，再把身体推到高高的位置。重复五至八个呼吸。

5.吸气预备，吐气再回到预备趴姿。

错误示范

NG 肚子忘了收、耸肩　　　　**NG** 下去的时候头先着地

3 扭转伸展

难度指数： ★★☆☆☆
训练肌肉强度区域： 腿后侧肌、腹外斜饥
系统运作区域（精油按摩部位）： 腹部、大腿外侧

扭转可以帮助按摩腹部器官，帮助消化和排泄。前弯的动作可伸展大腿小腿后侧，更可以雕塑臀部和大腿肌肉的线条呢！但是在做扭转动作时，臀部要紧紧贴在地上，不要把屁股翘起来了。

错误示范

NG 一边屁股翘起来

NG 拱背

1. 坐姿，背挺直，左脚伸直在身体的前方，右脚掌弯曲贴近左大腿内侧，右膝尽量碰地。

2. 吸气，脊椎延伸，吐气，腰转向左边。

3. 吸气，右手抓住左脚掌外侧，吐气做前弯，感觉肚子就快要碰到大腿，左手尽量往后移，增加扭转，停留十至十五个呼吸。

4. 吸气，右手拉高，身体带高。

5. 吐气，转回正中央，手回到身体两侧。

4 锯子操

难度指数： ★★★☆☆
训练肌肉强度区域： 腹外斜肌、腿后侧肌
系统运作区域（精油按摩部位）： 腹部、大腿外侧、腋下

动作过程中，坐骨从头到尾都紧紧地贴住地面，骨盆不会因为身体做旋转就移动。在感觉往下切的时候，脊椎一直向前延伸，感觉是从腰部先扭转才带动上半身的。

1.坐姿，背打直，双手打成T字形。

2.吸气，上半身向右扭转，左手跟着身体转向右边，右手臂转向后方，右手手心朝内。

3.吐气，脊椎延伸，像切蛋糕一样，左手往右手外侧切出去。

4.吸气，感觉脊椎向上延伸，把身体带起来。

5.吐气，身体及手臂转回正中央。左右交替，共五次。

错误示范

NG 拱背

NG 坐骨翘起来

5 半船式

难度指数： ★★★☆☆
训练肌肉强度区域： 核心肌群
系统运作区域（精油按摩部位）： 腹部、膝盖窝

这个动作可以加强血液循环到腹部及盆腔器官，你会发现要用到很多核心的力量。刚开始可以双脚成90°停留练习，再慢慢增加强度。记住，不要为了把脚抬高就驼背了，脊椎拉长会比脚抬高来的重要喔！

1. 坐姿，脚尖轻点于地上，双手轻轻扶在膝盖外侧。

2. 吸气，右脚抬起90°。

3. 吐气，左脚抬起至90°，上身向后靠一点点，双脚紧紧并在一起，向前延伸拉高，两眼直视前方，停留五个呼吸。

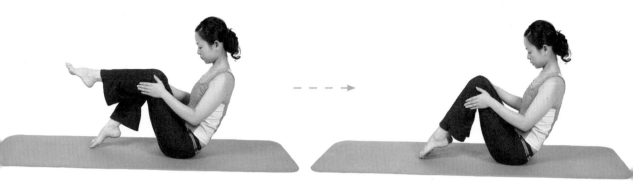

4.吸气，右脚屈膝回到90°，吐气，左脚回到屈膝90°的位置。

5.吸气停留，吐气再慢慢回到地面。重复五至八次。

错误示范

NG 耸肩

NG 为了抬高脚，脊椎没打直

6 半脊椎扭转

难度指数： ★☆☆☆☆
训练肌肉强度区域： 阔背肌、腿后侧肌群
系统运作区域（精油按摩部位）： 背部、腹部、肩、颈

我们在扭转的过程中，可以增加腹腔器官的压力和血液循环，对消除便秘、促进肠胃蠕动都有很好的效果，同时更可以按摩背部的交感神经，有助缓和精神压力，是一套简单却益处多多的动作。

1.坐姿，右腿跨过左腿，脚底放在左腿外侧的地板上。左腿向前延伸，脚趾头朝向天空，右腿靠近胸部。

2.左手往天空的方向拉高，吸气。

3. 吐气，骨盆摆正，身体转向右边，将左手肘卡在右脚的膝盖上，视线从右肩往远方看，停留五个呼吸。每一次吸气时都感觉脊椎拉高拉长，每一个吐气感觉你的扭转可以再深一点。

4. 吸气，左手拉高。

5. 吐气，慢慢转回正中央。左边重复同样步骤。

错误示范

NG 背没有打直

NG 耸肩

NG 骨盆一高一低

7 大步向前走

难度指数： ★★★★★
训练肌肉强度区域： 肱二、三头肌、臀大肌、腹部
系统运作区域（精油按摩部位）： 手臂、腋下、腹部

这是一个蛮耗费体力的动作，不但可以强化手臂、紧实腹部，还可以在卷下来及手撑停留的时候给内脏、肠胃适当的刺激。当手腕撑在地上的时候，别忘了把手肘紧紧的夹在身体的两侧，不驼背、肩膀往下往后打开，肚子有力气。加油吧！大步向前走！

1.站姿，吸气预备。

2.吐气，头朝地板的方向，身体用卷的方式慢慢往下卷，手指轻轻碰地。

✕ 错误示范

NG 手肘开

NG 腰下陷

3.手扶住地面，往前方走四大步，来到平板式，吸气预备。

4.吐气，手肘弯好像做伏地挺身一样，停留三到五个呼吸后，回到上个预备动作。

5.吐气，臀部推高，再沿原路线爬回。

6.身体卷回准备站姿。重复三至五次。

Sun 星期日
阳光多美丽：
边缘系统香气提斯

本单元帮助读者平衡神经边缘系统的运作，在特殊设计的动作及精油的使用中，达到身心愉悦、镇定情绪、释放压力，让高涨的边缘系统得以获得喘息的机会。

听起来很奇怪的名字——"边缘系统"？！好像不是个挺重要的角色嘛！！

但是，你知道吗？忧郁症基本上大部分原因都是这里的运作不平衡导致的；反过来说通常也是成立的，这个系统的运作若是失衡，也会导致忧郁症的发生。

我们的边缘系统会随着情绪改变，这都是因为我们身体里面有特定的化学物质被释放了出来，进而改变我们的情绪与身体的反应。

往自己身体里面看，用心来聆听你到底需要的是什么！

我们在边缘系统的课程里，不需要放太多的力气在动作上，反而是要放更多的心力去聆听自己身体里面的声音。听一张你喜欢的音乐CD，选一瓶你喜欢的精油，好好享受这一刻吧。

你有以下这些症状吗？

以下表格是帮你做边缘系统体质的检测，想知道自己身体的状况，赶快拿起笔，做以下的小测验吧。

◎ 依自我情况检测，1分代表轻微、2分代表还算轻微，依此类推，5分程度最高。

	轻微	还算轻微	尚可	有点严重	严重
常常怀疑自己的能力	□1分	□2分	□3分	□4分	□5分
觉得生命好像没有价值	□1分	□2分	□3分	□4分	□5分
常常觉得不开心	□1分	□2分	□3分	□4分	□5分
容易往坏处想	□1分	□2分	□3分	□4分	□5分
觉得不舒服	□1分	□2分	□3分	□4分	□5分
大部分的时间心情低落	□1分	□2分	□3分	□4分	□5分
对大多数的事物感受不到兴趣	□1分	□2分	□3分	□4分	□5分
对以前自己会觉得愉快的事变得没有兴趣	□1分	□2分	□3分	□4分	□5分
觉得烦躁、无法平静或坐立不安	□1分	□2分	□3分	□4分	□5分
对别人的事情漠不关心	□1分	□2分	□3分	□4分	□5分
不确定自己是否被他人接受	□1分	□2分	□3分	□4分	□5分

自我评量表

本单元将针对边缘系统方面的问题加以解决，读者可以按照书中的教学及附录的课表操作，并于每个月追踪。

◎检测日期

＿＿ 年 ＿＿月 ＿＿ 日

发现自己有＿＿种状况

总分为 ＿＿ 分

◎课程进行三个月后

＿＿ 年 ＿＿月 ＿＿ 日

发现自己有＿＿种状况

总分为 ＿＿ 分

◎课程进行三个月后

＿＿ 年 ＿＿月 ＿＿ 日

发现自己有＿＿种状况

总分为 ＿＿ 分

香气提斯医学知识万花筒

✳ 边缘系统是什么?

边缘系统是人体大脑中包含杏仁核群、海马回、乳状体及扣带回等部位的区域。这些部位可以控制及影响人体在各个状况下所产生的情绪反应及记忆效应。

一个人的情绪状态与边缘系统有极大的关系，甚至医生可以用计算机断层检视此区域的运作状态，来辅助判断这个人是否有忧郁症的症状。

因此每当我们拥有各种不同情绪的生命体验的时候，透过大脑中边缘系统的编制，我们才得以将这些生命体验转译为"活生生"的记忆。

若我们身体长期处在负面情绪的环境之下，身体里面能够让幸福感增加的荷尔蒙就会开始不稳定，甚至越来越少，于是，我们就开始陷入一种恶性循环，压力越大，也越来越不快乐。

✳ 在精油的氛围里进行情绪治疗

当我们吸入精油的时候，芳香分子进入鼻腔并且接触到鼻腔顶端的黏膜组织。当芳香分子穿透这层黏膜组织后，就会触碰到被黏膜覆盖起来的纤毛。纤毛透过嗅球延伸至鼻腔的神经细胞，上面布满着嗅觉接收器。

嗅觉接收器受到芳香分子的刺激会转为神经脉冲，再透过嗅脑直接传递到我们的边缘系统。也因此，香气提斯可以帮助我们正向思考，利用精油的刺激，给予我们边缘系统正向的经验。

另外，由于精油里面有数百种醇类的成分存在，而醇类是许多荷尔蒙的前驱物，因此当精油进入人体，会让身体里面许许多多的感觉受器受到正向的影响而开始运作，也就是说，补足了我们原本运作不完全的身体系统机制，缓解了原本负面的情绪。

香气选择

✳ 边缘系统

精油在边缘系统的主要功能：抚慰身心、改善轻度忧郁。

★抚慰身心：柠檬、快乐鼠尾草、永久花、牛膝草、杜松、广藿香、岩兰草

★改善轻度忧郁：茉莉、桔、大西洋雪松、天竺葵、西洋蓍草、苦橙叶、佛手柑、罗马洋甘菊、罗勒、纯正熏衣草、香蜂草、橙花、玫瑰、摩洛哥玫瑰、檀香、甘松、依兰、快乐鼠尾草、花梨木、岩兰草、安息香、菩提花、广藿香、罗文莎叶、柠檬尤加利

	香气选择1	香气选择2
适合对象	性喜沉静以及身心俱疲的人。	性喜香甜花草调以及想彻底放松身心的人。
配方	红柑／岩兰草／檀香	柠檬尤加利／菩提花／安息香
配方说明	主要针对累积过多压力与伤害导致身心俱疲、无法入眠的问题，宁谧沈静的香气，是款相当受欢迎的香气。	要针对长期精神紧绷，无法放松的问题，香甜中带有微酸与苦味的香气，相当受欢迎。
心理层面	适合一生都在努力追求完美的人，却在这样的过程中，因过度的忧虑或不切实际的期待，而整日惶惶不安，没有踏实感，把自己累坏了。这组精油可以帮助重新调整理想的高度，冷静的去接受现实与理想的落差，且能再度平心静气去学习与更新，让生命重回正确的轨道上。	无论是何种原因，导致原活力四射、朝气蓬勃的人顿时成了阴气沉沉、郁郁寡欢、了无生气的时候，就可以使用这组配方，让他们脱离焦虑或恐惧的影响，进入内心的平静，获得疗愈。
内在调理	饮用200mL水 + 橙花、罗马洋甘菊纯露共3mL 饮用200mL水 + 香蜂草、玫瑰天竺葵纯露共3mL	
熏香精油选择	红柑：能让原本沉滞烦闷的情绪找到出口，获得抚慰而平静。 岩兰草：让心灵平静以致获得稳定的力量。	柠檬尤加利：驱走烦闷无奈的负面情绪，恢复活力展现热情。 安息香：沈淀心灵，获得抚慰。

••• 芳疗师小叮咛

★若情绪已严重影响生活机能，请务必先就医治疗，另外使用精油前一定要询问专业的芳疗师。

★牛膝草为含酮量较高的精油，注意不可长时间高剂量使用。

★快乐鼠尾草与安息香精油会造成注意力涣散，故不宜在开车或工作前使用，快乐鼠尾草更不可在饮酒前后使用。

★罗勒会对皮肤造成刺激，剂量不宜超过2%，婴幼儿、老人家、身体较虚弱者不宜使用。

★依兰的使用剂量要注意，过多会出现恶心头晕的情形。

1 桌子式

难度指数：★★☆☆☆
训练肌肉强度区域：胸大肌、肱三头肌、臀大肌、鼠蹊部
系统运作区域（精油按摩部位）：前胸、肘窝、膝盖窝

双腿和双脚保持平行，舒服地伸展大腿和手臂肌肉，臀部也要用力地收紧喔！并不是松松地放在那里。胸部往上推，舒缓胸部及肺部，当胸打开了，自然而然地也就可以大口地呼吸了。

1.坐姿，膝盖微弯，脚掌踩地，双手放在身体两侧，手掌朝地，手指头指向前面，吸气预备。

2.吐气，屁股用力往上一堆，双腿平行向前延伸，肩膀下压，手肘伸直，手掌用力往下推，头和颈部向后放松。停在上面五个呼吸。

3.吸气，再回到预备姿势。重复相同的动作三至五次。

2 仰卧舒张式

难度指数：★☆☆☆☆
训练肌肉强度区域：腿内收肌群、腹横肌
系统运作区域（精油按摩部位）：前胸

用心感受每一个吸和吐，让呼吸更深入……这应该是最轻松的一个姿势了！精油按摩的部位除了前胸，也可以按摩太阳穴喔！

1. 躺姿，脚掌对脚掌，双手掌心朝上放在大腿上方，使脚跟更贴近臀部。吸气，把气往肺部送，吐气，感觉肋骨藏到身体里。重复呼吸。

错误示范

NG 肌肉紧绷，无法放松

NG 颈部过度向后仰

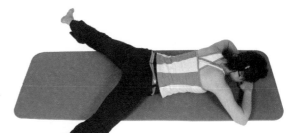

3 躺卧鳄鱼式

难度指数： ★☆☆☆☆
训练肌肉强度区域： 腹横肌
系统运作区域（精油按摩部位）： 前胸、腹部

这个动作可加强横膈膜呼吸，藉由呼吸按摩我们的内脏，强健横隔膜，更可以减经压力和疲劳，同时又可放松我们的肩部、臀部、脚踝关节。

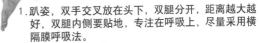

1. 趴姿，双手交叉放在头下，双腿分开，距离越大越好，双腿内侧要贴地，专注在呼吸上，尽量采用横隔膜呼吸法。
2. 吸气，把气送到肺部。
3. 吐气，肚子微收，肋骨再收往下降。
4. 吸气预备，吐气，将双手放回大腿两侧，正常呼吸。

✗ 错误示范

NG 耸肩

NG 屁股离开地面

4 粉笔人

难度指数：★☆☆☆☆
训练肌肉强度区域：腹横肌、髂腰肌、鼠蹊部
系统运作区域（精油按摩部位）：肩、颈、大腿内侧

当你做预备姿势的时候，你就知道为什么这个动作是
粉笔人了！没错，像不像电影里面警察在犯罪现场的
地上用粉笔画出人的姿势呢？看似放松的姿势，却在
无形中帮你伸展髋关节及臀部的肌肉！好好享受吧！

1.趴姿，双手放在身体两侧，双脚向后延伸拉长。

2.双手张大，放在肩膀的两侧，头轻轻地转向左边。右脚
上移到身体的右边，膝盖弯曲与髋关节呈90°，让髋关
节、膝盖及脚踝都成九十度。停在这里深吸深吐十五至
二十个呼吸，感觉吐气时有一股力量把左边的臀部往下
推的感觉，放松全身的肌肉。

3.吸气，慢慢地将身体放回趴姿。换另外一边做放松。

❌ 错误示范

NG 屁股腾空

NG 肩颈不够放松

5 坐姿前弯

难度指数：★☆☆☆☆
训练肌肉强度区域：阔背肌
系统运作区域（精油按摩部位）：背部、腹部

大家常常犯的错就是一定要把头碰到脚。但是你有没有发现，这样一来，你的背就拱起来了？要感觉脊椎拉长，所以头不要急着碰脚，脊椎延伸才是比较重要的喔！

1.坐姿，双脚向前方伸直，骨盆摆正，双手自然放在身体两侧。吸气，脊椎延伸拉长。

2.吐气前弯，感觉肚子要贴到大腿，双手环绕住脚掌。停在这里深吸深吐八至十个呼吸。

3.吸气，把身体拉回正。重复动作三至五次。

错误示范

NG 拱背

NG 耸肩

NG 膝盖弯曲

6 小金三角

难度指数：★★☆☆☆
训练肌肉强度区域：阔背肌、腿后侧肌群
系统运作区域（精油按摩部位）：肩、颈、前胸、腋下、膝盖窝

此动作促进我们的血液循环到脑、头部、手脚四肢，还有清洁肺部的功能喔！感觉一直把全身的重量往后带，把重心分散在五根手指头及手掌上，手掌有力量地往下推，才不会造成肩膀及手腕的负担。

1. 四足跪姿，手放在比肩膀前面的位置，手肘平行放于地面，手掌握拳，吸气预备。

2.吐气，膝盖离地，眼睛看斜前方，伸展喉咙，屁股往天空的方向推上去，手肘还是紧紧地在地上，帮忙向地板的方向推高，感觉重心往后脚跟的方向带。停在这里五个呼吸。

3.吸气，肩膀帮忙往前带。

4.吐气，膝盖跪回地板上。重复动作3至5次。

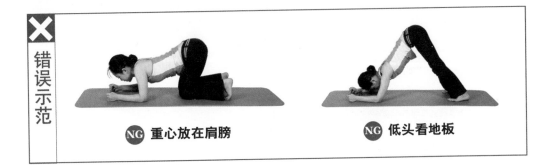

错误示范

NG 重心放在肩膀

NG 低头看地板

7 小眼镜蛇式

难度指数： ★★☆☆☆
训练肌肉强度区域： 臀大肌、菱形肌、大圆肌、斜方肌
系统运作区域（精油按摩部位）： 肩、颈、背部、腹部

不需要像大眼镜蛇动作般把上半身都推上来，多一点感觉放在扩胸和呼吸上，让呼吸变得很深，手是不会有压力的，只是轻轻扶着的感觉。头部不需要过度后仰，还是有控制地收着下巴，眼睛看着斜上方喔！

NG 耸肩

NG 推太高

NG 头过度后仰

1. 趴姿，双手放在胸部两侧，十根手指头张大。

2. 吸气，手掌用力往下扎根的感觉，把头部、颈部、胸部和上腹部推离开地面，臀部和大腿及膝盖要收紧喔！感觉胸部向前推开，肩胛往后夹，停在这里五个呼吸。

3. 吸气预备，吐气，慢慢回到预备姿势。